AI 화가와 인간 화가

인공지능총서

인공지능 시대입니다. 기계가 인간의 인지를 대신하고, 사물이 인간을 통하지 않고 다른 사물과 직접 커뮤니케이션합니다. 이에 따른 인간 삶과 문명 변화를 정확히 이해 · 예측 · 대응하는 것은 이 시대 우리 모두의 과제입니다. 인공지능총서는 인공지능 기술과 환경의 여러 주제를 10가지 키워드로 정리합니다. 관련 개념과 이론, 학계와 산업계의 쟁점, 우리 일상의 변화를 다룹니다. 인간과 기술의 현재, 미래를 세심히 분석합니다.

일러두기

- 인명, 작품명, 저서명, 개념어 등은 한글과 함께 괄호 안에 해당 국가의 원어를 병기했습니다.
- 외래어 표기는 현행 어문규정의 외래어표기법을 따랐습니다. 다만 ‘딥러닝’, ‘딥마인드’, ‘딥페이크’ 등은 관행을 따랐습니다.

처음이세요?

전문가세요?

AI 화가와 인간 화가

나형민

대한민국, 서울, 커뮤니케이션북스, 2025

AI 화가와 인간 화가

지은이 나형민
펴낸이 박영률

초판 1쇄 펴낸날 2025년 2월 17일

커뮤니케이션북스(주)
출판 등록 2007년 8월 17일 제313-2007-000166호
02880 서울시 성북구 성북로 5-11
전화(02) 7474 001, 팩스(02) 736 5047
commbooks@commbooks.com
www.commbooks.com

ISBN 979-11-7307-535-3 03500

책값은 뒤표지에 표시되어 있습니다.

차례

캔버스를 정복한 알고리즘 vii

01 AI 화가의 위협 1

02 AI 화가의 진화 9

03 AI 화가의 기술 19

04 AI 화가의 모델 27

05 AI 화가와 데이터 37

06 AI 화가의 창의성 47

07 AI 화가의 예술성 57

08 AI 화가와 한국화 67

09 AI 화가의 저작권 77

10 AI 화가와의 공생 87

캔버스를 정복한 알고리즘

"인공지능(AI)이 세계 최고 미술관의 1층을 점령하다."

2022년 11월에 위와 같은 외신 보도가 전송되었다. 뉴욕 현대미술관(MoMA)의 1층 로비에 높이 약 8미터의 거대한 LED 캔버스를 다채로운 색상과 형태로 메꾼 레픽 아나돌(Refik Anadol)의 작품 '비지도(Unsupervised)-기계 환각(Machine Hallucinations)'(2022)이 전시되었기 때문이다. 이 작품은 인공지능 작품으로 뉴욕 현대미술관이 200년간 수집한 예술품 13만8000여 점과 그날의 날씨, 관람객의 움직임 등 각종 데이터를 인공지능이 실시간으로 분석한 뒤 끊임없는 영상으로 변환하는 작품이다(한국경제, 2023.10.10). 일반적인 영상 작품은 상영 시간이 정해져 있고 이를 지속적으로 반복 재생하는 방식이다. 그러나 아나돌의 인공지능 작품은 데이터 기반 알고리즘의 활용으로 마치 살아 있는 애니메이션처럼 매번 다른 화면이 재생되어 생동감 있는 화면을 연출했다.

'비지도-기계 환각'은 약 8년 동안 개발한 복잡한 머신 러닝 단계를 포함하고 있다. 아나돌의 스튜디오는 공개된 뉴욕 현대미술관 컬렉션 데이터를 활용해 검색하고 정렬하며, 1024차원의 복잡한 공간 지도(map)를 만들었다. 이후 GAN(생성적 적대 신경망)이라는 머신 러닝 모델을 사용해 이 공간을 탐험하고, 몇 달간의 학습을 통해 새로운 형태를 계속해서 창조하도록 했다. 이러한 창작 과정에는 맞춤형 렌더링 소프트웨어와 슈퍼컴퓨터를 사용해 변형되는 시각 효과를 매우 높은 고해상도로 실시간 생성했다. 이를 통해 기계가 현대 미술을 '꿈꾸는' 것과 같은 상태를 연출했다(MoMA, 2022.12.20).

아나돌의 작품은 마치 인공지능이 미술관의 예술품을 보고 자기만의 예술적 상상력을 펼치는 것처럼 방대한 예술 컬렉션 데이터를 학습하고, 이 데이터를 바탕으로 새로운 예술적 이미지를 생성한다. 새로운 데이터의 학습에 따른 새로운 영상 화면의 생성으로 관람객이 볼 때, 이 작품은 계속해서 변화하며 마치 살아 있는 것처럼 보인다. 인공지능이 "현대 미술을 어떻게 상상할지" 보여주는 거대한 캔버스로서 AI 화가가 생각하고, 결정하고, 표현하는 과정을 관람객에게 실시간으로 감상하게 한다. 아나돌의 인공지능 작품은 "인공지능이 만든 것도 예술일까?" 하는 뜨거운 논쟁 속에서도 뉴욕 현대미술관, 서울 63빌딩, 퐁피두 센터, 월트 디즈니 콘서트 홀 등 등 세계 곳곳의 캔버스를 점령해 가고 있다.

'AI 화가'란 무엇인가?

2019년에는 붓을 들고 그림을 그리는 휴머노이드(humanoid) 로봇인 아이다(Ai-Da)가 등장했다. 아이다의 눈은 카메라로 사물을 인식하고 내장된 컴퓨터 소프트웨어로 작품을 구상하며, 로봇의 손은 생체 공학적으로 설계되어 직접 붓을 잡고 그림을 그렸다(윕뉴스, 2021.8.11). 그런데 붓으로 색을 칠한다는 느낌보다 찍는 방식으로 초상화를 제작했지만 소위 인간 화가를 흉내 내는 '로봇 화가'의 모습을 보여 주었다. 일반적으로 '화가'란 손과 도구를 사용해 그림을 제작하는 창작자다. 그리고 손과 도구는 이미지를 생성하는 보편적인 수단이다. 그런데 'AI 화가'는 인공지능을 통해 예술을 창작하는 시스템으로, 붓과 손을 사용하는 화가의 전통적인 방식 대신 컴퓨터 알고리즘을 활용해 이미지를 변형하거나 생성하는 새로운 예술적 주체다.

따라서 AI 화가란 무엇인가? 소위 '그림 그리는 인공지능'을 AI 화가라고 할 수 있다. 좀 더 설명하면 인공지능이 그린 그림을 생성 예술(generative art)이라고 할 때, 이는 인간의 개입이 완전히 배제된 상태에서 스스로 작동하는 컴퓨터 프로그램에 의해 생산된 예술을 의미한다. 그래서 생성 예술이 가능한 이미지 생성형 인공지능(Generative AI)을 그림 그리는 인공지능이라는 의미에서 이 책에서는 'AI 화가'로 통칭한다.

'생성형 인공지능'이란 텍스트나 이미지, 음성 등을 생성하는 인공지능 시스템이다. 여기서 '생성(generative)'이란 일일이 인공지능에게 지시하거나 학습시키지 않아도 스스로 이용자가 요구하는 바를 만들어 내는 것을 말한다. 따라서 생성형 인공지능은 새로운 정보, 콘텐츠 또는 데이터를 생성하고 구축하는 능력을 갖추고 있다. 그리고 과거의 데이터를 기반으로 예측, 창조, 모델링 등의 작업을 수행해 새로운 결과를 생성하거나 문제를 해결할 수 있다. 주어진 입력으로부터 새로운 콘텐츠 또는 이미지를 생성하거나, 대화를 주도하는 등 자연어 처리, 이미지 생성, 음성 생성, 음악 작곡, 예술 창작 등 다양한 분야에서 활용된다(조영임, 2023). 이 중에서 평면 회화 분야에 특화된 이미지 생성형 인공지능에 창작자로서의 인격을 부여해 AI 화가로 규정한다.

생성형 AI 화가의 작동 방식은 과거의 분류형 인공지

능과는 차별화된다. 과거의 인공지능은 서로 다른 사물을 구분하거나 분류하는 일에 집중했다면, 생성형 AI 화가는 대량의 학습 데이터를 바탕으로 예술적 패턴과 구조를 스스로 이해하고 새로운 작품을 능동적으로 생성하는 능력을 갖는다. 예를 들어 피카소 스타일의 예술 작품을 학습한 AI 화가는 피카소 화풍의 모방뿐만 아니라 전혀 새로운 작품을 창작하기도 한다. 이처럼 AI 화가는 예술 창작을 보조하는 도구의 차원을 넘어 새로운 예술 형식과 시각적 표현을 하게 되었다. 또한 초기의 AI 화가는 그래픽 디자인이나 시각적 효과를 자동으로 생성하는 정도에 머물렀으나 점차 독자적인 창작자로서 자율성을 갖고 예술적 창의력을 발휘하는 단계로 발전하고 있다. 그리고 궁극적으로 인간 화가처럼 감정과 의식을 가지고 창조력을 발휘하는 기계로 성장한다면 예술적 영역의 확장과 변화의 중요한 변수가 될 것이며, 예술 창작의 새로운 패러다임을 제시할 것이다.

AI 화가와 인간 화가의 관계가 단순한 도구와 사용자의 관계를 넘어 협력적 창조자로 나아갈지, 대립적 경쟁자로서 나아갈지 현시점에서 예단할 수는 없다. 하지만 앞으로 AI 화가는 예술 창작의 영역에서 더욱 중요한 역할을 부여받게 될 것이며, 이는 예술의 본질과 예술가의 정의에 대한 새로운 논의를 촉발할 것이다.

'AI 화가'에 대한 물음

저자는 인공지능 학습용 데이터 구축 사업으로 2022년 '한국 전통 수묵화 화풍별 제작 데이터', 2023년 '한국 전통 수묵 채색화 제작 데이터', 2024년 '인공지능 원천 데이터 한국 전통 민화 분야 구축' 사업을 진행했다. 인공지능 학습용 데이터 한국화(수묵화, 수묵 채색화, 민화) 구축 사업을 진행하면서 가장 빈번하게 받는 질문은 다음과 같다. "인공지능에게 그림을 학습시킴으로써 화가의 일자리를 빼앗는 것이 아닌가?"

어떤 의미에서 저자는 이 질문에 대한 답변을 강구하기 위해 이 책을 기술했다. 아마 인공지능 개발과 활용이 미술계에 긍정적인 영향도 미치겠지만 위험 요소도 상존할 것이다. 그러나 인공지능의 발달로 전문적인 지식을 토대로 한 전문직 일자리 침식에도 불구하고 인간의 고유 영역으로 취급해 왔던 예술 분야는 온전할 것으로 안도해 왔다. 그런데 최근에 선보이는 'AI 화가'의 표현력과 완성도를 보면서 창작자로서 화가의 영역도 안전한 것이 아니라는 위기의식이 대두하기 시작했다. 그리고 인공지능이 화가의 역할을 대신함으로써 본질적인 창조의 의미와 예술적 가치에 대한 질문을 제기하게 되었다. 급속한 인공지능의 발달로 인간이 더 우월하다고 믿었던 운동 능력, 지각 능력, 암묵지 영역에서 이미 인공지능이 사람을 추월하고 있는 오늘날, 마지막 보루라고 생각되는 예술의 영역에서 인공지능이 인간을 능가할 것인가? 그래서 예술도 인공지능에 종속되는 분야가 될 것인가? 아니면 사진과 같은 여타 혁신적인 기술의 발달이 예술과 융합되었듯이 화가와 인공지능도 조화롭게 공생할 것인가? 이에 대한 질문의 해답을 모색하는 데 이 책의 의의가 있다.

따라서 이 책은 AI 화가의 성장과 발전 전망에 대해 다루면서 인공지능으로 인한 예술의 새로운 정의와 한계 등을 논한다.

'AI 화가의 위협'(1장)은 근래에 새롭게 등장하고 있는 AI 화가로 인한 인간 화가의 위기 현상에 대해 조망한다. 새로운 존재의 등장으로 인한 위기의식만큼 새로운 대상에 대한 관심을 유발하는 자극제는 없다. 미술 시장에 새롭게 데뷔한 AI 화가로 인해 인공지능에 대한 관심이 미술계에 급속도로 확산되었으며, 이에 따른 'AI 화가의 진화'(2장)에 관해 살펴본다. AI 화가의 탄생과 진화의 과정을 통해 'AI 화가의 기술'(3장)로서 생성적 적대 신경망

(GAN), 변이형 오토인코더(VAE), 디퓨전(Diffusion), 트랜스포머(Transformer) 등 다양한 생성형 인공지능 주요 기술을 소개하고 'AI 화가의 모델'(4장)을 초기의 변환형 모델과 최근에 활성화된 생성형 모델로 나누어 설명한다. 'AI 화가와 데이터'(5장)에서는 인공지능 작품 제작의 핵심 요소인 데이터의 양과 품질의 중요성에 대해 강조한다.

2016년 알파고와 이세돌의 역사적인 바둑 대국에서 누가 이길 것인가라는 질문을 놓고 갑론을박했다. 그러나 로봇과 인간의 팔씨름 대결에서 승패를 생각해 보면 정답은 명확하다. 그래서 오늘날 인간이 기계의 경쟁자로서 힘 또는 지식의 우열을 논한다는 것은 무의미하다. 그럼, 인간 화가와 AI 화가의 예술성을 겨루는 것도 의미가 없는 것일까? 인공지능 작품이 새로운 예술인지 원본에 대한 모방인지에 대한 논란은 지속되고 있지만 이미 인공지능 작품은 많은 부분 인간 화가의 작품을 대신하고 있다. 따라서 'AI 화가의 창의성'(6장)과 'AI 화가의 예술성'(7장)에서는 이 책의 주요 논점이라고 할 수 있는 AI 화가의 정체성과 인공지능 작품의 창의적 요소와 예술적 가치 그리고 성과에 대해 논의한다. 'AI 화가와 한국화'(8장)에서는 인공지능 학습용 데이터에서 한국화와 한국적 요소의 부재에 따른 문제점에 주목하며, 한국화를 중심으로 한 인공지능 학습용 데이터 구축 과정을 소개한다. 그리고 'AI 화가와 저작권'(9장)에서는 생성형 인공지능이 사전 학습을 위해 웹상에 공개된 자료를 크롤링하고 재조합하는 과정에서 수많은 창작물의 저작권을 침해하는 문제와 AI 화가가 창작자로서 저작권자인가 하는 소유권의 문제를 조망한다. 마지막으로 'AI 화가와의 공생'(10장)에서는 "인공지능이 미술가의 일자리를 뺏는 것이 아닌가?" 하는 물음에 대한 답변을 모색하면서 향후 AI 화가의 미래에 대한 예상 시나리오를 제시한다. 그리고 인간과 기계의 조화, 인간 화가와 AI 화가의 융합과 같은 긍정적인 미래를 기대해 본다. 그러나 긍정적인 기대와 달리 인공지능 개발과 활용이 미술계에 위험 요소로 작용할 수도 있다.

생성형 인공지능 학습을 위해 수많은 창작물이 표절의 대상이 되었으며, 인공지능 활용에 따른 예술의 대중화는 예술의 전문성 약화나 진정성에 대한 우려도 야기한다. 더불어 인공지능이 예술가들의 창작에 도움을 주고 생산성을 높이는 것을 넘어 예술가의 일자리를 대체하거나 예술계의 구조 자체를 변화시킬 수도 있다. 그리고 그 변화의 끝은 예술의 종말이라는 경고의 메시지도 나온다. 그러나 현재의 시점에서는 AI 화가가 상대의 감정을 읽을 수 있는 공감 능력도 없고, 손가락이 5개인지, 잠자리의 날개가 4개인지 구분하는 인식 능력도 미흡하다. 또한 입력된 데이터에 대한 옳고 그름의 비판 능력도 부재하지만, AI 화가의 출현은 예술계의 일자리뿐만 아니라 예술의 개념, 의미, 가치, 유형, 모습 등등에서 중대한 변화를 예고한다.

참고문헌

웹뉴스(2021.8.11). 인간을 그리는 로봇, 아이다(Ai-da), https://www.wip-news.com/news/articleView.html?idxno=8126

조영임(2023). 초거대 AI와 생성형 인공지능. ≪TTA 저널≫, 37쪽.

한국경제(2023.10.10). 뉴욕 MoMA 발칵 뒤집은 AI 예술가, 이번엔 63빌딩 점령했다, https://www.hankyung.com/article/2023101078341

MoMA(2022.12.20). Refik Anadol on AI, Algorithms, and the Machine as Witness. *MoMA Magazine*, https://www.moma.org/magazine/articles/821

01
AI 화가의 위협

AI 화가의 등장으로 인간 화가가 직면한 새로운 도전과 위협에 주목한다. AI 화가의 작품이 고가에 낙찰된 사건을 시작으로 인간의 고유 영역인 예술 정의에 대한 근본적인 물음이 주어진다. 인공지능이 학습을 통해 그림을 창작하고 심지어 공모전에서 우승하는 등의 사례는 인간의 창의적 직업으로서 화가의 자리마저 인공지능에 대체될 수 있다는 가능성을 제기한다.

AI와 1인 창업?

인간 화가의 위기

$$\min_{G}\max_{D} E_x[\log(D(x))] + E_z[\log(1-D(G(z)))]$$

이는 화가의 사인(sign)이다. 일반적으로 화가의 사인은 자신의 이름을 작품에 표기하는 것인데, 동양에서는 도장 또는 낙관(落款)을 사용하기도 한다. 그 외에 화가 알브레히트 뒤러(Albrecht Dürer)는 이름의 머리글자로 자신만의 문자를 만들어서 본인 작품임을 상징하는 증표로 사용했다.

그런데 위의 수학 공식과 같은 화가의 사인은 매우 낯설다. 이처럼 보기 드문 사인의 주인공은 '오비어스(Obvious)'라는 AI 화가다. 2018년 10월 뉴욕 크리스티 경매에서 AI 화가 오비어스의 작품 〈에드몽 드 벨라미(Edmond de Belamy)〉가 43만 달러에 낙찰되었다. 이는 낙찰 예상가의 40배가 넘는 가격으로 당시 미술 시장에 큰 충격을 주었다. 그리고 오비어스가 그린 초상화 〈에드몽 드 벨라미〉에는 생성형 인공지능의 알고리즘을 의미하는 수학 공식과 같은 사인이 표기되어 있었는데, 소위 인공지능 화가의 존재를 알리는 신호탄이었다. 이는 저작권자가 인간이 아닌 인공지능임을 암시하는 것으로, 미술 분야에서 AI 화가의 데뷔와 동시에 AI 화가가 인간 화가와 경쟁할 수 있다는 위기의 가능성을 보여준 사건이다.

인공지능이 인류에게 정말 위협이 될 것인가 아니면 인류의 삶을 더욱 윤택하게 하는 문명의 이기(利器)가 될 것인가는 최근 뜨거운 이슈다. 특히 일자리의 침범과 관련해 인공지능의 대두는 많은 주목을 받고 있는데, 2023년 미국에서 4000명 정도가 소위 AI로 일자리를 잃은 것으로 파악되면서 인공지능의 일자리 위협이 현실화되었다(조선일보, 2024.2.23).

한국은행에서 발간한 보고서 『AI와 노동시장 변화』(2023)에 따르면, 인공지능으로 대체될 수 있는 가능성이 높은 직업군에 '의사, 변호사, 회계사' 등이 포함되었다. 이는 전문직에 종사하는 사람들에게 충격을 주었는데, 자동화 또는 로봇으로 인한 일자리의 대체 직업군이 저학력의 반복적 육체노동자가 아닌 고학력의 고소득 직업군이 될 수 있음을 시사했기 때문이다. 특히 의사, 변호사, 회계사와 같이 빅 데이터를 활용하는 전문직의 경우 인공지능이 보다 업무를 효율적으로 수행할 것으로 예상되는 반면, 숙박 음식업과 예술 · 스포츠 · 여가 등의 직업군은 AI 노출 지수가 상대적으로 낮았다. 그 외에 비반복적인 인지 노동에 해당하는 가수, 성직자, 대학교수 등이 매우 낮은 노출 지수의 직업으로 평가되었다(한국은행, 2023). 따라서 로봇과 같은 자동화 시스템이 음식점 서빙과 같은 단순 육체 노동직에 대한 위협이면, 인공지능이 고학력에 해당하는 전문직에 대한 위협이 된다는 것을 알 수 있다.

그런데 특이한 점은 자동화 시스템과 인공지능에 의해서도 대체하기 어려운 직업군으로 항상 예술 분야가 언급되고 예측된다는 사실이다. 『AI와 노동시장 변화』에서도 예술 직업군은 AI 노출 지수가 가장 낮은 편이다. 그리고 2016년 한국고용정보원이 주요 직업 400여 개의 자동화 직무 대체 확률을 조사한 결과에서도 대체 확률이 낮은 직업 1위는 '화가 및 조각가', 2위는 '사진작가 및 사진사', 3위는 '작가 및 관련 전문가' 등으로 대부분 예술 관련 종사자다(에듀인뉴스, 2016.3.28). 따라서 자동화 또는 인공지능에 따른 대체 가능 직업군에서 감성과 관련되고 비반복적인 인지 활동과 연관된 예술가가 상대적으로 안심할 수 있는 직업군으로 예측되었다. 심지어 인공지능인 챗GPT(ChatGPT)에 '인공지능이 대체하기 어려운 직업'을 물었을 때도 '인공지능이 많은 직업을 자동화하고 있지만, 인간의 감정과 경험을 바탕으로 한 예술적 창의성은 대체하기 어렵다'고 답변했다.

인간 화가의 패배

"인공지능(AI)이 이겼고, 인간이 패배했다."

2022년 미국 '콜로라도 주립 박람회 미술 대회'의 디지털 아트 부문에서 인공지능으로 제작한 작품 〈스페이스 오페라 극장(Théâtre D'opéra Spatial)〉으로 우승한 제이슨 앨런(Jason Allen)이 ≪뉴욕타임스≫와의 인터뷰에서 밝힌 소감이다(경향신문, 2022.9.10).

이처럼 21세기 빅 데이터 기술의 발전으로 인공지능 학습용 데이터양이 비약적으로 많아지고 딥 러닝 기술의 발전으로 인공지능은 인간의 뇌 신경망을 모방한 구조로서 입력된 데이터를 심화 학습하게 되었다. 이는 인간의 지각과 추론, 학습 능력 등을 컴퓨터 기술로 구현한 것이다. 더욱이 최근에는 인공지능이 문자와 음성뿐만 아니라 이미지, 영상 등을 인식해 그 특징을 학습하고 자체적인 사고와 판단으로 예술품을 생성하는 단계로 발전했다(고정민 · 정유나, 2020). 그러면서 과연 예술가의 위치는 인공지능으로부터 안전한가에 대한 의문이 점차 들기 시작했다. 챗GPT도 인공지능이 대체하기 어려운 직업으로 남아 있을 가능성이 크다고는 언급했지만 불가능하다고 단정하지는 않았고, 심지어 앨런은 '인간이 패배했다'라고 피력했다.

2016년에는 '넥스트 렘브란트(The Next Rembrandt)'라고 불리는 인공지능이 제작한 새로운 렘브란트의 그림이 공개되었다. '수염이 있고 흰 칼라의 검은색 옷에 모자를 쓰고 있는 중년의 백인 초상화'를 그린 주체는 인간이 아니라 안면 인식, 인공지능, 3D 프린팅 기술에 의해 제작된 AI 화가였다. 이 초상화는 렘브란트의 원작과 사실상 구분하기 어려울 정도로 높은 완성도를 보여 주었다. 그리고 2018년에는 인공지능 화가 '오비어스'가 뉴욕 크리스티 경매에서 성공적으로 데뷔함으로써 미술 시장뿐만 아니라 예술가들에게도 큰 충격을 주었다. 이는 소위 'AI 화가'의 출현을 알리는 사건이자 인간 화가 못지않은 높은 작품가의 형성으로 AI 화가가 인간 화가를 추월할 수 있는 가능성과 위협을 보여 준 사례이기 때문이다.

그러나 이 당시만 해도 가격 대비 〈에드몽 드 벨라미〉의 작품성은 그다지 뛰어나 보이지 않았다. 가상의 남성 초상화인데 바림 기법으로 얼굴의 윤곽을 모호하게 해 신비로운 분위기를 표현했다는 호평도 있었지만, 뛰어난 수준으로 평가하기는 어려웠다. 특히 눈, 코, 입의 형태가 아직 인지 능력이 덜 학습된 초기 생성형 인공지능의 작품으로 보여서 위협의 대상으로 여기기에는 무리가 있었다. 그래서 "점을 연결한 어린이 그림(a connect-the-dots children's painting)" 같다는 평가를 받기도 했다(Alleyne, 2018.10.25). 따라서 작품성보다는 최초의 AI 화가의 초상화라는 타이틀로 인한 화제작 정도로 보였다.

그러나 2022년 '미드저니(Midjourney)'라는 인공지능 프로그램으로 제작한 〈스페이스 오페라 극장〉은 인간 화가와의 공모전 경쟁에서 우승까지 했다. 〈스페이스 오페라 극장〉에 사용된 인공지능 프로그램은 오픈 웹에서 수백만 개의 이미지를 스크랩하고 이미지의 패턴을 학습해 알고리즘을 만드는 생성형 인공지능이다. 생성형 인공지능을 기반으로 하는 AI 화가는 렘브란트나 고흐의 화풍을 그대로 재현할 뿐 아니라 전혀 새로운 화풍을 생성해 공모전에서 최고상을 수상하기도 했다. 따라서 스스로 학습하고 창작물을 생성하는 AI 화가의 등장은 예술가로 하여금 인공지능이 대체할 수 없는 직업인가라는 단순한 문제를 넘어서 과연 예술이라는 분야는 인간만의 고유 영역인가 하는 본질적인 질문에 직면하게 한다.

참고문헌

경향신문(2022.9.10). 미술대회 우승까지 한 'AI 그림' 단순 표절일 뿐 vs 새로운 예술 도구,
https://www.khan.co.kr/economy/economy-general/article/202209100800001

고정민 · 정유나(2020). 인공지능 발전에 따른 문화예술콘텐츠의 미래 시나리오. ≪디지털융복합연구≫, 18(12), 49쪽.

에듀인뉴스(2016.3.28). 자동화 대체 확률이 가장 높은 직업은 콘크리트공,
https://www.eduinnews.co.kr/news/articleView.html?idxno=4484

조선일보(2024.2.23). 당신의 직장을 위협하는 AI…실제 미국 해고 사례 분석하니,
https://www.chosun.com/economy/weeklybiz/2024/02/22/XXA3KNQQFRDIDH3GMEIATCRFIY/

한국은행(2023). AI와 노동시장 변화,
https://www.bok.or.kr/portal/bbs/P0002353/view.do?nttId=10080538&menuNo=200433&pageIndex=1

Alleyne, A.(2018.10.25). A sign of things to come? AI-produced artwork sells for $433K, smashing expectations. *CNN*,
https://edition.cnn.com/style/article/obvious-ai-art-christies-auction-smart-creativity/index.html

02
AI 화가의 진화

인공지능 미술은 1960년대 컴퓨터 아트를 시작으로 초창기에는 추상적이고 기하학적인 작품이 다수였다. 이후 딥 러닝과 GANs 기술이 등장하면서 사실적이고 독창적인 작품을 생성한다. 최근에는 텍스트 기반 생성형 인공지능의 발전으로 인공지능 미술은 대중화되고 다양한 분야에서 활용된다.

AI와 MBTI?

AI 화가의 잉태기(1950년대~1980년대 초반)

인공지능이라는 용어는 1950년에 앨런 튜링(Alan Turing)의 "계산 기계와 지능(Computing machinery and intelligence)"이라는 논문의 생각할 수 있는 기계에 대한 개념에서 시작되었다. 그리고 1956년 다트머스대학교에서 존 매카시(John McCarthy) 등이 주도한 소위 다트머스 회의에서 '지능을 가진 기계'라는 주제로 학술회의가 열리는데, 이때 인공지능(Artificial Intelligence)이라는 용어가 처음 등장했다.

'인공지능'이라는 용어가 등장한 이후, 예술 분야에서 컴퓨터 활용에 대한 관심이 증가했지만 당시에는 컴퓨터를 주로 수학적 계산 또는 데이터 처리의 도구로 취급했다. 그러나 1967년 마이클 놀(Michael Noll)은 "창작 매체로서의 디지털 컴퓨터(The digital computer as a creative medium)"라는 논문을 통해 컴퓨터를 예술 창작을 위한 도구로 활용할 가능성을 제시했다(Noll, 1967). 그리고 이 시기에 헝가리 출신 예술가 베라 몰나(Vera Molnár)는 '포트란(Fortran)'이라는 초기 프로그래밍 언어를 사용해 기하학적 추상 작품을 제작했다. 컴퓨터를 예술 창작 도구로 이용한 초기 실험으로 컴퓨터

아트와 생성 예술의 선구자 역할을 했다(아트조선, 2024.8.5).

초기의 AI 화가로 해럴드 코헨(Harold Cohen)의 '아론(AARON)'을 꼽을 수 있다. 1973년에 개발된 아론은 초기의 인공지능 기반 예술 창작 시스템 중 하나로, 컴퓨터가 자율적으로 그림을 그릴 수 있도록 설계된 최초의 AI 화가라고 할 수 있다. 아론은 1970년대와 1980년대를 거쳐 추상화에서 구상화까지 다양한 스타일의 그림을 여러 전시회에서 선보였다. 아론은 단순히 도형을 그리는 것을 넘어 자율적으로 예술 작품을 창작할 수 있도록 설계된 초창기 컴퓨터 프로그램이었다(Whitney Museum of American Art, 2024.2).

AI 화가의 탄생기(1980년대 후반~2014년)

1980년대 후반부터 신경망 이론이 주목받기 시작했다. 1986년 제프리 힌턴(Geoffrey Hinton), 데이비드 러멀하트(David Rumelhart), 로널드 윌리엄스(Ronald Williams)가 발표한 논문 "역전파 오류를 통한 표현 학습(Learning representations by back-propagating errors)"은 인공 신경망 학습에서 획기적인 발전을 가져왔다. 오류를 통해 네트워크를 개선하면서 입력 데이터의 중요한 특징을 자동으로 학습한다는 내용으로 딥 러닝(Deep learning)의 기초를 마련했다(David et al., 1986).

1990년대에는 딥 러닝 때문에 인간의 명령으로만 작동하던 인공지능은 스스로 규칙을 찾아 학습하게 되었다. 기존의 인공지능은 인간이 일일이 규칙을 정해 줘야 했다면, 딥 러닝은 인간의 뇌가 정보를 처리하는 방식을 따라 한 인공 신경망으로 방대한 데이터를 스스로 분석하고 추론한다. 딥 러닝은 제프리 힌턴이 심층 신경망의 가중치를 결정하는 알고리즘을 개발해 만들었다. 이는 인간의 학습 과정을 모방한 것으로 인간의 뇌가 뉴런으로 구성된 신경망을 통해 학습하는 방식을 기본 원리로 한다. 뉴런 간의 연결 강도를 나타내는 '가중치(weight)'와 적절한 작동 지점을 설정하는 '편향(bias)'이 핵심적인 활동이다. 딥 러닝은 가중치와 편향을 최적화하는 과정을 통해 신경망이 입력 데이터에 따라 적절한 결과를 도출하도록 조정한다. 이는 실제 결과물과 출력 결과물의 차이를 활용한 역전파 알고리즘에 의해 이루어진다.

역전파 알고리즘이란 신경망에서 출력값과 실젯값 사이의 차이를 계산하고, 오차를 줄이기 위해 출력에서부터 역순으로 가중치를 조절하는 알고리즘이다. 따라서 입력 데이터로 이미지를 입력하면 생성형 인공지능은 원시 데이터를 단순히 분석하고 처리하는 것을 넘어 데이터에 내재한 구조와 패턴을 학습해 원본 데이터와 유사한 새로운 이미지를 생성한다. 이러한 기술을 통해 예술 창작도 가능했다(조자온 · 송지성, 2024).

예를 들어 인간은 고양이를 자연스럽게 분간하지만 컴퓨터에 분류를 다 가르칠 수는 없었다. 이를 극복한 것이 딥 러닝으로 생체 신경망을 활용해 고양이의 특징을 스스로 잡아낼 수 있도록 소위 자율 심화 학습을 실행한 것이다. 그 결과 2012년 제프리 힌턴 팀의 알렉스넷(AlexNet) 모델이 이미지 인식 경진 대회(ImageNet large scale visual recognition challenge, ILSVRC)에서 15~16% 에러율로 우승했다. 이 당시 경쟁 모델들의 에러율 평균은 26% 정도인데, 제프리 힌턴의 모델은 놀라운 인식률의 발전을 보였다.

2014년 이언 굿펠로(Ian Goodfellow)가 발표한 '생성적 적대 신경망(Generative Adversarial Networks, GANs)' 모델로부터 AI 화가의 본격적인 탄생은 시작된다. GANs는 두 개의 신경망이 경쟁하면서 고품질의 이미지를 생성하는 기술이다. 한 신경망은 생성자(Generator)이고 다른 신경망은 판별자(Discriminator)다. 예를 들어 그림을 만드는 자가 생성자이고 그것을 감별하는 자가 판별자라고 하면, 생성자는 그림을 진짜 그림같이 만들기 위해 노력하고, 판별자는 그 진위를 판단한다. 이런 과정을 통해 점점 더 리얼(real)한 작품을 생성할 수 있다.

AI 화가의 성장기(2015년~현재)

이언 굿펠로가 GANs를 발표하면서 AI 화가의 새로운 시대가 열렸다. GANs의 등장 이후, 이미지 생성 인공지능 기술은 급속도로 발전한다. 2015년에는 GANs의 성능을 고도화해 이미지의 품질을 향상하는 심층 합성곱 생성적 적대 신경망(deep convolutional generative adversarial networks, DCGAN), 2017년에는 이미지 스타일 변환에 사용되는 사이클GAN(CycleGAN), 2019년에는 고해상도 이미지를 생성하며 인물 얼굴 사진에 강력한 성능을 보인 스타일GAN(StyleGAN) 등 다양한 GANs 변형 모델이 등장했다(박평종, 2024).

그리고 2015년 이후에는 GANs의 이미지 생성 방식과는 다른 '디퓨전(Diffusion)' 모델이 등장하면서 AI 화가의 표현력은 더욱 확장된다. 디퓨전 모델은 이미지를 점진적으로 개선해 고해상도 이미지를 생성하는 새로운 방법이다. 이 모델은 노이즈로부터 이미지를 복원하는

데, 흐릿한 이미지를 점차 선명하게 만들어 가는 과정에서 고해상도의 이미지를 생성한다.

2020년에는 오픈AI(OpenAI)가 '달리(DALL-E)'를 발표하면서 AI 화가의 새로운 지평을 열었다. 달리는 GPT-3와 같은 거대 언어 모델과 클립(CLIP)이라는 이미지-텍스트 결합 모델을 기반으로 작동하는데, 입력된 텍스트를 이해하고 그 텍스트를 바탕으로 이미지를 생성하는 인공지능이다. 오픈AI는 2022년 거대 언어 모델(LLM) GPT3.5를 탑재한 대화형 인공지능 '챗GPT'를 출시했다. LLM은 'large language model'의 약자로 자연어 처리(natural language processing, NLP)와 인공지능 분야에 사용되는 매우 큰 규모의 언어 모델을 말한다(조영임, 2023).

따라서 오픈AI는 LLM 알고리즘을 활용한 이미지 생성 모델인 달리 1, 2의 등장과 함께 자연어 처리와 이미지 생성의 융합 시대를 열었다. 달리는 텍스트와 이미지가 한 쌍(pairs)으로 구성된 빅 데이터를 학습한다. 그리고 새로운 텍스트 설명이 주어지면 그에 해당하는 이미지를 창의적으로 생성해 내고 이를 정교화해 최종 이미지를 산출한다. 예를 들어, '달리는 말을 타고 있는 우주비행사'와 같은 짧은 텍스트만으로도 사전 학습된 텍스트-이미지 쌍과 새로운 조합의 쌍을 동시에 검토하면서 완전히 창의적인 이미지를 생성할 수 있다(박휴용, 2023). 그리고 2022년에는 텍스트를 기반으로 이미지를 생성하는 '스테이블 디퓨전(Stable Diffusion)'과 '미드저니(Midjourney)'가 대중에게 공개되었다. 특히 같은 해 8월에는 제이슨 앨런이 미드저니로 생성한 작품 〈스페이스 오페라 극장(Théâtre D'opéra Spatial)〉이 미술 공모전에서 디지털 아트 부문 1등을 차지하면서 AI 화가의 본격적인 등장을 알렸다.

참고문헌

박평종(2024.2). 이미지 자동 생성 인공지능의 원리와 현황. 『횡단인문학』, 55-85쪽.

박휴용(2023). 생성형 AI 기반 이미지 변환 툴의 활용성과 한계성, 그리고 디자인 교육에의 함의. ≪컴퓨터교육학회≫, 26(5), 157쪽.

아트조선(2024.8.5). 베라 몰나, https://art.chosun.com/site/data/html_dir/2024/08/05/2024080501862.html

조영임(2023). 초거대 AI와 생성형 인공지능. ≪TTA 저널≫, 207호, 37쪽.

조자온 · 송지성(2024). 생성형 인공지능(AIGC)을 활용한 전설 신화 콘텐츠의 시각이미지 생성에 관한 연구. ≪공공디자인연구≫, 4(2), 71-72쪽.

Michael Noll(1967). The digital computer as a creative medium. *IEEE Spectrum, 4*(10), pp.89–95.

Rumelhart, D. E., Hinton, G. E., & Williams, R. J.(1986). Learning representations by back-propagating errors. *Nature*, pp.533–536.

Whitney Museum of American Art(2024.2). Harold Cohen: AARON Feb 3 – May 19, 2024, https://whitney.org/exhibitions/harold-cohen-aaron

03
AI 화가의 기술

AI 화가의 이미지 생성 기술은 2014년의 초기 인공지능 이미지 생성 모델인 생성적 적대 신경망과 변이형 오토인코더에서 시작한다. 이후 2017년 트랜스포머의 등장으로 큰 발전을 한다. 최근에는 텍스트 기반 거대 언어 모델에 디퓨전이 활용됨으로써 생성형 인공지능 AI 화가의 예술적 토대가 된다.

AI와 난임 극복?

생성적 적대 신경망

생성적 적대 신경망(GAN)은 두 개의 신경망이 적대적으로 경쟁하는 것으로 하나는 '생성자'로서 가짜 이미지를 생성하고, 다른 하나는 '판별자'로서 그 이미지의 사실 여부를 판별한다. 이언 굿펠로(Ian Goodfellow)는 생성자를 위폐범으로, 판별자는 경찰로 비유했다. 위폐범은 가짜 돈을 진짜 돈처럼 만들기 위해 노력하고, 경찰은 가짜 돈을 판별하려고 노력한다. 생성자는 점점 더 진짜에 가까운 데이터를 생성하고 판별자는 데이터가 진짜인지 위조인지 점점 더 잘 구별하게 된다. 이러한 경쟁과 적대적인 관계 속에서 진짜 같은 위조, 원본에 가까운 이미지를 생성할 수 있는 모방 능력을 갖는다. '딥드림(Deep Dream)', '넥스트 렘브란트(The Next Rembrandt)'도 GAN 기술을 바탕으로 이미지를 생성한 것이다(유현주 외, 2019). 따라서 GAN은 이미지 생성, 이미지 변환, 이미지 감정 분석 등 다양한 분야에 사용된다(조영임, 2023).

그러나 GAN에도 한계가 존재한다. 우선은 사용된 생성자의 결과물 형태가 어떠한 연유와 과정을 통해 생성되었는지 알 수 없다는 점이다. 그리고 새롭게 만들어진 데이터가 얼마나 정확한지 객관적으로 판단하기 어렵고, 생성자와 판별자 간의 실력 차가 발생하는 경우 훈련이 한쪽에 치우쳐서 성능이 제약되고 학습이 불안정한 문제점이 있다(월드투데이, 2021.12.18). 그러나 새로운 데이터의 생성 측면에서 GAN은 AI 화가에게 큰 영향을 미친 주요 기술이다.

변이형 오토인코더

오토인코더(Autoencoder)는 인공 신경망의 일종으로, 데이터를 압축하고 복원하는 방식을 통해 학습한다. 오토인코더는 '인코더(Encoder)'와 '디코더(Decoder)' 두 단계로 작동한다. 인코더는 인공지능이 데이터를 요약하고 압축하는 과정으로 복잡한 이미지가 들어오면 고차원 데이터의 핵심 요소만 남기고 단순하게 표현한 저차원의 잠재 공간(latent space)으로 압축한다. 디코더는 인코더가 압축한 정보를 바탕으로 다시 원본에 가까운 형태로 복원하는 역할을 한다. 그러나 오토인코더는 사람 얼굴과 같은 복잡한 이미지를 만들 때 제대로 생성하지 못하는 경우가 많다.

그런데 변이형 오토인코더(Variational Autoencoder, VAE)는 수학적 기법(평균 및 분산)을 사용해 오토인코더의 단점을 보완한다. VAE의 핵심은 잠재 공간에 데이터를 효율적으로 압축하는 데 있다. 이 점은 오토인코더와 유사하지만, 이미지 생성 성능을 높이기 위해 데이터의 '확률적 분포'를 학습한다. 잠재 공간이란 고차원의 데이터를 저차원으로 압축한 공간인데, VAE는 이 공간에서 하나의 고정된 특징값으로 기록하지 않고 확률 분포를 통해 여러 가지 가능성을 저장한다. 예를 들어, 같은 사람 얼굴 이미지를 표현하더라도 다양한 얼굴의 모습(각도, 색상, 표정 등)이 잠재 공간에서 확률적으로 기록되는 것이다.

이렇게 확률적 분포를 이용함으로써 VAE는 매번 동일한 결과로 모델링하지 않고, 데이터의 다양한 변형을 생성할 수 있다. 특히 새로운 이미지를 생성할 때 자연스럽고 다양한 이미지를 만들어 내는 데 유효하며, 온전한 이미지 생성의 가능성을 보여 주었기에 초기 생성형 인공지능 모델로 언급된다(김성완 외, 2024).

디퓨전

디퓨전(Diffusion)은 오토인코딩 개념이 발전된 생성 모델이다(장병탁 외, 2024). 디퓨전의 뜻은 '확산'인데 입자들이 무질서하게 움직이며 같은 농도로 공간을 균일하게 차지하려는 현상을 설명하는 물리학의 원리를 가

리킨다(박휴용, 2023).

디퓨전은 이미지로부터 노이즈를 조금씩 더해 가면서 이미지를 완전한 무작위 노이즈로 만드는 전방향 확산 과정(forward process)과, 반대로 무작위 노이즈로부터 조금씩 복원해 가면서 원래 이미지를 만들어 가는 역방향 과정(reverse process)으로 구성된다. 처음에는 무작위 정보로부터 시작한 후, 노이즈를 단계적으로 줄여 나가면서 원하는 이미지의 형태를 서서히 드러내는 방식인데, 단계적으로 선명한 이미지 변환을 이룬다. 이 접근법은 복잡한 이미지나 예술적 표현에서 매우 유용하며, 예술가가 대강의 스케치에서 세부 묘사를 추가해 완성해 가는 과정과 유사하다.

생성형 인공지능은 디퓨전 기술을 통해 처음에는 무작위 노이즈에서 시작해 점점 수많은 데이터를 학습하고 참조해 불필요한 노이즈를 제거함으로써 원하는 목표 이미지에 도달한다. 디퓨전 기술은 GAN 방식보다 훨씬 더 정확하고 사실적인 이미지 합성이 가능하다. 그래서 인공지능 디자인 분야에서 활발히 활용되고 있으며 미드저니(Midjourney), 스테이블 디퓨전(Stable Diffusion), 어도비 파이어플라이(Adobe Firefly) 등에 적용되고 있다(박휴용, 2023).

트랜스포머

챗GPT의 GPT는 '사전 훈련된 생성 변환기(generative pre-trained transformer)'의 약자로, 트랜스포머(Transformer)는 챗GPT의 핵심적인 기술임을 알 수 있다. 트랜스포머는 딥 러닝 모델 중 하나인데 대다수의 생성형 인공지능이 사용할 정도로 효과적인 모델이다(박태웅, 2023). 또한 붓으로 그림을 그리는 것이 아니라 텍스트로 그림을 그리는 프롬프트 기반 AI 화가 형성의 주요 기술이다. 트랜스포머는 문장 속 단어와 같은 순차 데이터 내의 관계를 추적해 의미의 맥락을 학습하는 신경망이다. 트랜스포머는 데이터를 빠르게 이해하고 분석하는 능력이 탁월하며, 특히 텍스트나 이미지처럼 패턴이 중요한 데이터에서 뛰어난 성능을 발휘한다.

2017년 자연어 처리 모델 트랜스포머가 등장하면서 텍스트 생성 쪽 거대 언어 모델(LLM)이 큰 발전을 이룬다. 트랜스포머는 입력 데이터 각 부분의 중요도에 차별적으로 가중치를 부여하는 셀프 어텐션(self-attention)의 채택으로 구별된다. 셀프 어텐션은 입력 문장의 각 단어가 다른 단어와 얼마나 관련이 있는지 평가하며, 이를 통해 문장의 의미를 파악하고 다양한 문맥을 고려한다. 트랜스포머는 번역이나 텍스트 요약과 같은 작업에 사용되며, 자연어와 같은 순차적 입력 데이터를 처리하도록 설계되었다. 이전의 인공지능 모델은 데이터를 순서대로 처리하므로 앞에서부터 하나씩 확인하며 의미를 파악했다면, 트랜스포머는 전체 입력을 한 번에 처리한다. 문장의 앞뒤 문맥을 한꺼번에 보고 중요한 정보를 뽑아내는 것으로 전체 문장의 맥락과 의미를 잘 이해할 수 있기 때문에 자연어 처리에 효과적이다.

참고문헌

김성완 외(2024). 『the AI GRAPHICS』. 비엘북스, 181-184쪽.
박태웅(2023). 『AI강의』. 한빛비즈, 33-35쪽.
박휴용(2023). 생성형 AI 기반 이미지 변환 툴의 활용성과 한계성, 그리고 디자인 교육에의 함의. ≪컴퓨터교육학회≫, 26(5), 156쪽.
월드투데이(2021.12.18). 인공지능의 미래, 생성적 적대 신경망(GAN), https://www.iworldtoday.com/news/articleView.html?idxno=406786
유현주 외(2019). 『인공지능시대의 예술』. 도서출판b, 67-69쪽.
장병탁 외(2024). 『AI, 예술의 미래를 묻다』. 시공아트, 34쪽.
조영임(2023). 초거대 AI와 생성형 인공지능. ≪TTA 저널≫, 207호, 40-41쪽.

04

AI 화가의 모델

1980~2000년대 컴퓨터 그래픽 기반 '뉴미디어 아트' 시대에서, 2000년대 이후 딥러닝 기술을 활용한 'AI 아트' 시대로 발전한다. 초기 AI 화가 모델은 구글의 딥드림, 트위터의 딥포저, 마이크로소프트의 넥스트 렘브란트이며, 2022년부터는 달리, 미드저니, 스테이블 디퓨전과 같은 대표적인 생성형 인공지능 모델이 등장하며 AI 화가의 새로운 장을 연다.

AI와 사주?

AI 화가 변환 모델

2016년 3월 구글은 이세돌 9단과 알파고의 바둑 대결에 앞서 AI 화가 '딥드림(Deep Dream)'을 세상에 공개했다. 딥드림 전에도 인공지능을 활용해 미술 작품을 창작하려는 시도가 있었지만, 본격적인 의미에서 미술 작품을 창작했다고 주장할 수 있는 것은 딥드림 이후다(유현주 외, 2019). 딥드림은 인공 신경망을 통해 입력된 이미지를 인식하고 분석하여, 그 이미지의 특징을 추출해 시각화한다. 신경망이 학습한 이미지의 특징을 변형해 독특한 패턴과 형태를 강조하고 일상적인 이미지를 컬러풀하고 추상적인 이미지로 재탄생시킨다. 마치 꿈꾸는 듯한 예술성으로 '딥드림'이라는 이름이 붙여졌다(AI타임스, 2019.10.3).

딥드림이 본래 이미지의 질감을 인식해 변형하는 데 집중했다면, 트위터의 '딥포저(Deep Forger)'는 기존 이미지의 형태를 유지하면서 질감과 색조를 특정 예술가의 스타일로 변환하는 기술을 보여 주었다. '높은 수준의 위조'라는 뜻의 딥포저는 신경망을 이용해 사진 이미지를 고흐, 샤갈, 피카소 등과 같은 화가의 화풍으로 변용해 주는 데 주로 사용된다(전자신문, 2015.11.28). 딥포저의 핵심 기술은 스타일 트랜스퍼(Style Transfer)인데 변환할 대상 이미지를 입력받아 새로운 스타일의 작품을 만들어 내는 방식으로, 화가의 독특한 스타일을 인공지능을 통해 복제해 새로운 시각적 경험을 제공한다.

'넥스트 렘브란트(The Next Rembrandt)'는 17세기 네덜란드의 화가 렘브란트 판레인(Rembrandt van Rijn, 1606~1669)의 화풍을 재현한 AI 화가다. 네덜란드의 광고 회사 월터 톰슨(Walter Thompson)이 기획하고 아이엔지(ING), 마이크로소프트사가 협업해 진행했다. 이 프로젝트의 목표는 렘브란트의 작품 스타일을 딥 러닝으로 학습한 인공지능을 통해 새로운 초상화를 창작하는 것이다. 렘브란트의 기존 작품 346점을 분석해 그 화풍을 밀도 있게 학습한 후, 3D 스캐너로 물감의 재질감을 데이터화하고 3D 프린팅을 활용해 캔버스에 유화의 질감과 두께까지 재현했다. 특히 AI 화가에게 "수염이 있고 검은색 옷에 흰 칼라와 모자를 쓰고 오른쪽을 바라보고 있는 30~40세의 백인 남성 초상화(a portrait of a Caucasian male between the ages of 30 and 40, with facial hair, wearing black clothes with a white collar and a hat, facing to the right)"를 그려 보라고 명령했는데 화풍은 물론, 구도, 습관, 기법, 색채, 질감, 선호 등을 충실하게 구현했다. 그래서 마치 렘브란트가 직접 그린 것과 같은 착각을 자아냈다(AI타임스, 2024.8.28). 이 프로젝트는 예술과 기술의 융합을 보여 주는 대표적인 사례며, 인공지능이 화가의 스타일을 모방하는 모작(模寫) 뿐 아니라 원작의 스타일을 유지하면서도 자신만의 독특한 방식으로 재해석하는 방작(倣作)의 가능성을 보여 주었다.

2010년 중후반에 걸쳐 구글의 딥드림, 트위터의 딥포저, 마이크로소프트의 넥스트 렘브란트 등 글로벌 IT 기업은 다양한 방식의 AI 화가를 선보였다. 이와 같이 AI 화가가 급진적으로 발전한 데는 데이터를 기반으로 한 글로벌 IT 기업의 역할이 절대적이었다. 그러나 구글의 딥드림, 트위터의 딥포저, 마이크로소프트의 넥스트 렘브란트 등은 본질적인 예술의 가치 추구보다 자사 기술의 우수성을 홍보하기 위해 인공지능 프로그램의 성과를 선보인 측면이 크다. 더욱이 결과물의 작품성이 아무리 우수하다 하더라도 유명 화가를 흉내 낸 아류 또는 표절로 저평가받기도 했다(유현주 외, 2019).

그나마 미술 시장에서 실질적인 작품으로서 평가받은 AI 화가는 '오비어스(Obvious)'다. 오비어스는 2017년 프랑스에서 젊은 연구자들이 만든 인공지능이다. 이들은 인공지능을 활용한 작품을 통해 예술과 기술의 경계를 탐구하고, 새로운 형태의 예술을 추구하는 데 중점을 두었다. 특히 14세기부터 20세기까지 그려진 초상화 1만5000점을 컴퓨터에 입력하고 GAN을 활용해 독창적인 초상화를 생성했다. 그중 가장 유명한 작품이 2018년 뉴욕 크리스티 경매에서 43만 달러에 낙찰된 〈에드몽 드 벨라미(Edmond de Belamy)〉다.

이처럼 구글의 딥드림, 트위터의 딥포저, 마이크로소프트의 넥스트 렘브란트, 그리고 오비어스의 작품들은 인공지능이 예술 창작의 새로운 장을 펼칠 수 있음을 보여 주었다. 이들 AI 화가 프로젝트는 기업의 인공지능 기술 우수성을 홍보하는 측면도 있지만, 인공지능이 인간 화가의 스타일을 학습해 단순히 모방하는 수준이 아니라 독창적으로 재해석할 수 있는 가능성을 보였다.

AI 화가 생성 모델

기존 이미지를 가지고 마치 꿈을 꾸는 듯한 몽환적인 이미지를 만드는 변환형 인공지능 모델은 텍스트를 넣어 이미지를 생성하는 텍스트 투 이미지(Text to Image) 인공지능은 아니다. 최초의 텍스트 투 이미지 인공지능은 2015년에 토론토대학교 팀이 순환 신경망 변이형 오토인코더(Recurrent Variational Autoencoder)를 사용해서 만든 이미지 생성 프로그램 '얼라인드로(alignDRAW)'였다. 그러나 얼라인드로는 이미지를 생성했지만 형체를 알아보기 힘든 조악한 수준이었다(홍성욱 · 조은서, 2023).

생성형 인공지능(Generative AI)은 이용자의 프롬프트에 따라 대화, 이미지, 텍스트는 물론 음악, 미술 등을 생성하는 인공지능이다. 소위 AI 화가 생성 모델은 딥 러닝 기반의 이미지 생성형 인공지능 기술을 통해 예술 작품을 창작하는 시스템이다. 2010년대의 AI 화가는 기존의 작품을 학습하고 패턴을 분석해 모방하는 단계였다면, 2020년대에는 새로운 작품을 스스로 생성할 수 있는 창신(創新)의 단계로 발전한다. 특히 2020년 이후에는 사용자가 텍스트를 입력하면 이에 부합하는 이미지를 생성하는 텍스트 투 이미지 모델이 등장하기 시작하는데, 대표적인 모델이 오픈AI(OpenAI)의 '달리(DALL-E)', 미드저니 연구소의 '미드저니(Midjourney)', 스태빌리티 AI(Stability AI)의 '스테이블 디퓨전(Stable Diffusion)' 등이다.

2022년 4월에 오픈AI가 이미지 생성형 인공지능 '달리 2(DALL-E 2)'를 선보인다. 달리(DALL-E)는 초현실주의 화가 '살바도르 달리(Salvador Dali)'와 픽사의 로봇 애니메이션 영화 〈월-E(WALL-E)〉의 이름을 조합한 것이다. 달리 2는 대조적 언어-그림 사전 학습 모형 (contrastive language image pre-training, CLIP)이라는 모델을 사용해 학습한다. 이 모델은 이미지에 '무엇이 있는지'에 대한 레이블이 아닌 '어떤 종류의 이미지인지'에 대한 카테고리 정보만으로 학습할 수 있으며 생성기 (Generator)와 CLIP 모형을 통해 이미지를 생성한다. 사용자가 입력한 지시문과 생성된 이미지 사이의 '거리'를 측정해 이미지가 지시문과 얼마나 잘 일치하는지를 판단하고, 이를 기반으로 이미지를 더욱 정교하게 조정하면서 이미지를 생성한다(이형석, 2023.1.2).

2023년에 발표된 달리 3는 이전 버전들보다 훨씬 더 개선된 성능을 보여 준다. 챗GPT와 연계해 달리 3는 이전 시스템보다 더 많은 데이터와 정교한 알고리즘을 통해 훨씬 더 많은 뉘앙스와 세부 사항을 이해해 아이디어를 매우 정확한 이미지로 쉽게 변환한다. 특히 달리 3로 만든 이미지는 상품화해 사용하는 데 별도의 허가가 필요하지 않은 장점도 있다. 달리 3는 인공지능이 만든 상세한 이미지 설명인 합성 캡션을 학습 데이터로 활용해 프롬프트 팔로잉 능력을 크게 향상했다. 그러나 달리 3는 여전히 '오른쪽'이나 '아래'와 같은 위치 지정을 정확히 이해 못 하는 공간 인식 능력의 부족, 입력한 텍스트를 이미지에 정확하게 반영하지 못하는 텍스트 렌더링의 부정확성, 식물이나 동물종의 특정 세부 사항에 대한 부정확성 등의 문제점을 보인다(Betker et al., 2023). 특히 손가락의 개수, 텍스트 렌더링의 부정확성 문제는 미드저니, 스테이블 디퓨전에도 공통으로 나타나는 문제점이다.

생성형 인공지능 모델은 각각의 특성이 있는데, 달리는 이미지의 품질, 스타일의 일관성 측면에서 더 정교하고 사실적인 사진 이미지 묘사에 장점이 있다. 미드저니는 좀 더 예술적이고 창의적인 스타일 이미지 생성이 가능하다. 또한 작품 생성 과정에서 여러 가지 레퍼런스 이미지를 동시에 제공해 다양한 선택권을 부여할 뿐 아니라 이미지의 완성도와 예술성은 달리보다 우수하다고 평가받는다. 반면 달리가 미드저니보다 우위에 있는 대표적인 요소는 자연어 처리 능력이다. 달리 3는 챗GPT와 연계되어 있어 맥락을 이해하고 그림을 생성하는 프롬프트 팔로잉 능력이 영문으로만 텍스트 입력이 가능한 미드저니보다 뛰어나다. 그리고 스테이블 디퓨전은 오픈 소스로 제공되어 다양한 환경에서 기호에 따른 맞춤 제작인 커스터마이징이 가능하고 사용자들이 다양한 환경에서 자유롭게 활용할 수 있는 장점이 있다. 그러나 자체 서버를 활용하기 위한 고사양의 컴퓨터 구비가 요구된다. 그 외에도 어도비에서 제공하는 '파이어플라이(Firefly)'는 포토샵과 병행해 사용하기 편리하며, 스테이블 디퓨전 창시자와 개발자의 스타트업 '플럭스AI(Flux-AI)'는 뛰어난 이미지 형성과 텍스트 렌더링의 강점을 보인다.

참고문헌

유현주 외(2019). 『인공지능시대의 예술』. 도서출판b, 58-59, 66쪽.

이형석(2023.1.2). 예술계를 떠들썩하게 달구고 있는 'AI 화가', 이미지 생성 AI. 한국과학기술정보연구원(KISTI) 공식 블로그, https://blog.naver.com/withkisti/222972481350

전자신문(2015.11.28). 놀라운 인공지능의 붓질…당신이 고흐·피카소 명화로, https://www.etnews.com/20151128000105

홍성욱 · 조은서(2023). 이미지 생성 인공지능의 도전과 문제들. ≪사회와 이론≫, 46집, 10-11쪽.

AI타임스(2019.10.3). AI(인공지능)의 예술작품을 바라보는 눈, https://www.aitimes.com/news/articleView.html?idxno=119826

AI타임스(2024.8.28). AI와 예술의 미래, https://www.aitimes.com/news/articleView.html?idxno=162813

Betker, J. et al.(2023). Improving image generation with better captions, https://cdn.openai.com/papers/dall-e-3.pdf

05
AI 화가와 데이터

AI 화가가 창작하는 과정은 데이터 학습과 알고리즘에 의한 수리적인 것으로 인간 화가와 근본적인 차이가 있다. 따라서 AI 화가 작품 제작의 핵심은 대규모의 '데이터 학습'이다. 데이터 학습은 데이터의 수집, 정제, 가공, 학습 모델의 선택과 개발의 과정을 거치는데, 데이터의 수량과 품질이 창작 능력을 가늠하는 핵심 요소다.

AI와 아이돌?

데이터 구축

넥스트 렘브란트(The Next Rembrandt)는 346점의 렘브란트 작품을 학습하고 새로운 스타일의 렘브란트 작품을 생성했으며, 오비어스(Obvious)는 14세기부터 20세기까지의 서양화 1만5000여 작품을 데이터베이스화해 학습했다. 달리(DALL-E), 미드저니(Midjourney), 스테이블 디퓨전(Stable Diffusion)과 같은 초대형 이미지 생성 모델의 학습 데이터양은 가늠할 수 없을 만큼 방대하다.

데이터 학습(Data Learning)은 데이터를 '획득-정제-레이블링'하는 데이터 구축이 대부분을 차지할 정도로 데이터 학습에서 가장 기본이자 매우 노동 집약적인 과정이다. 이번 장에서는 2023년 과학기술정보통신부 한국지능정보사회진흥원(NIA)의 '한국 전통 수묵 채색화 제작 데이터' 인공지능 학습용 데이터 구축 사업을 소개하면서 그림 그리는 인공지능 데이터 구축의 의미와 과정을 설명한다.

인공지능 학습용 데이터 구축이란 인공지능과 머신러닝 모델을 학습시키기 위해 필요한 데이터를 수집, 가공, 정제, 레이블링, 검수하는 일련의 활동을 말한다. 데이터 구축의 배경, 방향, 활용 분야 등을 고려해야 하는

데, 인공지능 모델이 데이터를 통해 특정 패턴이나 규칙을 학습하고 예측할 수 있도록 고품질의 데이터를 제공하는 것이 목적이다(한국지능정보사회진흥원, 2021).

데이터 구축은 다섯 단계로 나뉜다.

첫째는 '준비'다. 데이터 구축을 위해 원활한 작업 환경을 조성하고 작업 도구를 선정한다. 작업 대상을 정하고 획득할 데이터의 규격과 조건 등을 선정한다. 그리고 데이터 제공 기관 또는 작업자 모집 기관을 검토하고, 원시 데이터 제공자와 작업자를 확정해 계약을 체결한다. '한국 전통 수묵 채색화 데이터' 구축 사업에서는 효율적인 작업 환경 구축을 위해 접근성이 용이한 강남권에 스튜디오를 대여하고 미술 대학 한국화(또는 동양화) 전공 출신의 작가를 전국에서 섭외해 직접적으로 수묵 채색화를 제작해 수집하는 방식으로 진행했다. 그리고 작품을 제작해 활용할 수 있도록 개개인의 작가와 저작권 활용 계약서를 체결하고 작업 지침서와 가이드를 작성해 교육했다.

둘째는 '획득'이다. 데이터 획득(data aquisition)은 인공지능의 학습에 요구되는 데이터를 직접 수집 또는 제작하거나, 이미 보유하고 있는 조직이나 시스템 등으로부터 법률적 제약이 없도록 '원시 데이터'를 확보하는 활동이다. 원시 데이터는 기계 학습을 목적으로 획득 단계에서 수집하거나 생성한 이미지, 음성, 영상, 텍스트 등을 의미한다. '한국 전통 수묵 채색화 제작 데이터'의 원시 데이터는 작가들이 직접 그린 수묵 채색화였다. 인공물과 자연물을 대상으로 총 73종의 항목으로 분류하고 4200점 이상의 이미지 데이터 구축을 목표로 했다.

셋째는 '정제'다. 데이터 정제(data refinement)는 획득한 원시 데이터를 인공지능 학습에 적합하게 가공하고 최적화하는 과정이다. 이 과정은 데이터의 품질을 높이고 기계 학습에 필요한 형식의 일관성을 유지하며, 데이터 수집 요건에 미충족하는 요소를 제거하는 단계다. '한국 전통 수묵 채색화 제작 데이터' 구축 사업에서는 제작된 수묵 채색화 이미지를 스캔하고 작품의 중복 또는 스크래치, 먹 자국, 종이 구김 등 비의도적 오점과 같은 노이즈를 제거하는 정제 과정을 거치면서 데이터의 최적화에 중점을 두었다.

넷째는 '레이블링'이다. 데이터 레이블링(data labeling)이란 인공지능이 기계 학습에 활용할 수 있도록 기능이나 목적에 부합하는 정보를 '원천 데이터'에 부착하는 활동이다. 원천 데이터란 원시 데이터를 레이블링 공정에 투입하기 위해 필요한 전처리와 정제 작업을 수행한 데이터로 레이블링 정보가 부여되지 않은 상태다. '한국 전통 수묵 채색화 데이터'의 원천 데이터에 부착되는 레이블링 정보는 이미지 내용을 묘사한 한글 · 영문 캡션, 화풍, 화법, 필선의 종류, 종이의 유형 등이다. 원천 데이터에 정보를 부착하는 레이블링 활동은 전적으로 인간의 수작업으로 이루어진다.

다섯째는 '검사'다. 교차 검사 방식으로 원시 데이터의 형식 요건 등을 검수하는 과정이다. '한국 전통 수묵 채색화 제작 데이터'에서는 두 차례 내부 검사와 두 차례 외부 전문가 검사로 총 네 차례 검사를 진행했다. 이를 통해 레이블링 과정에서 오류 발생률이 높은 구문 재확인과 의미 정확성, 유효성에 관한 철저한 점검을 수행했다(한국지능정보사회진흥원, 2021).

'한국 전통 수묵 채색화 제작 데이터' 구축 사업은 한국화를 그리는 AI 화가를 만들기 위한 인공지능 학습용 데이터 세트 구축을 목표로 했다. 구축 기간은 2023년 7월 1일부터 12월 31일까지이며, 참여 인력은 총 243명이었다. 이 중 수묵 채색화 제작에 투입된 현역 작가는 183명이다. 수묵 채색화 총 4200점 제작을 목표로 했는데 최종적으로 4439점을 구축했다. 여기에 투입된 예산은 9억9000만 원이며, 수묵 채색화 제작에 투입된 예산은 작품 구입비, 기자재 구입비, 재료비, 스튜디오 임차료, 관리자 인건비 등등이다.

이와 같이 양질의 데이터를 구축하기 위해서는 막대한 비용과 전문 인력이 투입되기 때문에 고품질의 데이터를 구축하는 것은 결코 쉬운 일이 아니다. 그러나 향후 저급의 데이터 또는 획득이 용이한 데이터 수집이 포화할 경우, 고비용 고품질 데이터의 확보 여부가 인공지능 작품의 수준을 좌우하는 결정적인 요인이 될 것이다.

데이터의 품질

일반적으로 데이터의 학습을 위해서는 데이터의 양이 많을수록 효과적이다. 그러나 넥스트 렘브란트 프로젝트에서는 비교적 소량인 346점의 렘브란트 작품의 학습을 통해 새로운 스타일의 렘브란트 작품을 생성한 바 있다. 그리고 '한국 전통 수묵 채색화 제작 데이터' 구축 사업을 통해 4439점의 데이터 세트를 마련하고, 학습 모델로는 레이턴트 디퓨전(Latent Diffusion)을 활용해 한국화 그리는 인공지능을 구현하고자 했다. 이를 통해 데이터가 소량일지라도 일관된 유형과 품질(quality)이 담보될 경우 유사한 작품 생성이 가능하다는 것을 확인했다. 따라서 데이터의 수량 못지않게 데이터의 품질도 중요한데, 데이터의 정확성, 연관성, 윤리성이 품질 유지의 주요 요소다.

첫째, 데이터는 정확하고 신뢰할 수 있어야 한다. 데이터의 획득, 정제, 레이블링 과정에서 데이터는 정확하고 저작권의 문제가 없어야 한다. 예를 들어 데이터 획득 과정에서 클래스 분류의 오류 또는 중복은 없는지, 정제 과정에서는 얼룩이나 스크래치 등 노이즈는 없는지, 레이블링 과정에서는 구문 또는 의미의 정확성 등에서 오류가 없는지를 여러 차례 검수 과정을 거치면서 정확성을 추구한다.

둘째, 데이터 구축의 방향과 데이터의 연관성이다. 데이터 구축의 방향은 데이터가 최종적으로 어떻게 활용될지를 고려해 설정한다. 데이터의 연관성은 데이터가 얼마나 의미 있게 연결되고 해석될 수 있는지를 결정한다. 특히 그림에 관한 인공지능 학습의 경우 화풍 또는 화목(畫目)에 따른 특유의 기법, 스타일, 색채 등이 밀접하게 연관되어야 한다. 예를 들어, 수묵 채색화로 자연 풍경을 그리고자 한다면 화목의 측면에서 당연히 인물화 데이터보다 산수화 데이터가 요구된다. 더욱이 건축물이 포함된 자연 풍경과 산수만 등장하는 자연 풍경을 혼합해 학습할 경우 일관성의 측면에서 학습 효과가 떨어지는 경우가 발생한다. 인물화의 경우도 생성하고자 하는 초상화의 방향성에 따라 남녀의 구별, 연령의 구분, 인종의 구분이 이루어진 상태에서 연관성이 높은 데이터 위주로 학습할수록 더욱 우수한 성능을 발휘한다.

셋째, 데이터의 윤리성으로 데이터 학습에서 최근 중요하게 부각되는 이슈다. 특히 고품질의 데이터를 구축하기 위해서는 엄청난 비용과 인력이 필요하므로 구축자의 입장에서는 불법적인 데이터 수집에 대한 유혹이 클 수밖에 없다. 그래서 상당수의 빅 테크 기업이 저작권 침해 관련 소송에 결부되어 있는데, 저작권 보호를 위한 노력이 요구된다. 그리고 또 다른 문제는 데이터의 편향성이다. 2015년 구글 사진에서 흑인 여성을 '고릴라(gorillas)'로 인식한 태그를 달아 인종 차별 논란이 일었다(세계일보, 2018.1.18). 그리고 세계 최대의 오픈 소스 이미지 데이터베이스인 이미지넷(image-net.org)은 사람 분류 항목에 재소자, 낙오자, 실패자, 위선자, 우울증 환자, 정신 분열증 환자 등과 같은 이름표를 붙여서 사람의 얼굴만 보고 이류 인간인지 아닌지를 구분하는 것을 인공지능에 학습시킨 적이 있다(박태웅, 2023). 이는 인공지능이 편향된 데이터를 학습해 발생한 문제다. 학습 데이터가 편향되고 올바르지 않으면 잘못된 결과를 도출하게 되며 사회 문제를 야기한다. 따라서 윤리성은 데이터 품질 유지에서 가장 중요한 요소로 부각된다.

데이터가 불충분하고 불완전하면 학습된 데이터의 패턴이나 스타일이 한쪽으로 편중될 수 있고, 다양성과 안전성의 측면에서도 품질 저하를 초래한다. 품질 유지를 위해서 데이터가 충분하면 특정 스타일이나 주제에 치우치는 편향성을 배제하고 일반화의 능력을 갖추게 된다. 따라서 정확성, 연관성, 윤리성이 확보된 충분한 양의 데이터는 인공지능이 데이터를 잘 일반화할 수 있는 기본 토대다. 그리고 모델이 학습 데이터에 과하게 맞춰져 일반화 능력을 상실하는 '오버피팅(overfitting)'의 방지에도 유효하다.

참고문헌

박태웅(2023). 『AI강의』. 한빛비즈, 144-145쪽.

세계일보(2018.1.18). 흑인 사진을 '고릴라'로 인식해 태그를 다는 인공지능 논란…구글 단어 삭제로 끝?, https://www.segye.com/newsView/20180117001075?OutUrl=naver

한국지능정보사회진흥원(2021). 『인공지능 학습용 데이터셋 구축 안내서』, 2-10쪽.

06
AI 화가의 창의성

AI 화가의 창의성은 대규모 데이터를 학습하고 패턴을 분석해 새로운 조합을 생성하는 과정에서 작동한다. 이는 인간의 직관이나 감정이 배제된 학습된 데이터를 토대로 한 창의성이다. 인공지능의 창의성은 데이터를 재구성해 기존에 없는 형태의 결과물을 제작하는 데 있으며, 그 과정은 수리적이고 알고리즘적이다.

AI와 야구?

AI 화가의 창의력

창의성이란 사전적으로 '새로운 것을 생각하는 특성'이라 정의할 수 있다. 창의성에 대한 정의는 각자 약간의 차이는 있을 수 있지만 문제를 해결하기 위한 새로운 아이디어의 창안으로 볼 수 있다. 이후 창의성이란 새로운 것의 창안은 물론 기존의 것을 변형해 새로운 것을 발견하는 것까지 용어의 정의 범위가 확대된다. 기존의 것에서 새로운 것을 발견하는 활동은 AI 화가의 창작에도 나타난다. 이미지 생성 AI 화가는 입력된 데이터에서 패턴을 추출하고 이를 조합해 새로운 것을 만들기 때문이다. 데이터는 인간이 입력하지만 구도, 색상, 형태 등의 조합은 인공지능의 메커니즘에 의해 이루어지는데, 인간이 통제하거나 간섭할 수 없다는 점에서 AI 화가의 창작에 창의성 개념을 적용할 수 있다(고정민 · 정유나, 2020).

하지만 인공지능의 창의성은 인간과 본질적으로 다르다. 인간 화가는 감정, 경험, 철학적 사고를 통해 창작을 하지만, AI 화가에게는 이런 요소가 배제되어 있다. 대신 AI 화가는 방대한 데이터에서 다양한 요소를 조합해 새로운 결과물을 무한대로 만든다. 따라서 인간이 시도하지 못했던 무한한 조합의 확률이 창의성의 기반이 된다. 즉, AI 화가의 창의성은 방대한 데이터와 고도의 연산 능력에서 비롯되며, 역사적으로 축적해 온 인간의 예술적 기법과 미적 요소를 기계 학습으로 재해석하고 새로운 형태로 생성한다. 이는 단순한 모방을 넘어 데이터 속에 내재한 패턴을 발견하고, 새로운 조합으로 인간이 시도하지 않았던 창의적인 결과물을 구현하는 것이다.

예술에서 창의성은 실재적으로 형상화되었을 때 의미를 가질 수 있다. 그런데 인간의 창의성은 작품으로 형상화하거나 구체화하는 데 절대적인 시간이 필요하다. 따라서 인간 화가는 주어진 시간에 제작할 수 있는 작품 수량에 한계가 있다. 피카소는 작품량이 가장 많은 대표적 작가로서, 평생 1만3500여 점을 제작했다. 이는 1년에 평균 약 200점을 제작한 것이다. 그러나 AI 화가는 몇 초 만에 다량의 작품 이미지 생성이 가능하다. 더욱이 작품을 생성할 때마다 새로운 작품을 무한히 보여 줄 수 있으며 한계도 없다. 인간 화가는 같은 수준의 그림을 완성하는 데 훨씬 더 많은 시간이 요구될 뿐만 아니라 신체적 피로와 집중력의 한계로 연속적인 창작은 불가하다. 그러나 AI 화가는 밤낮을 가리지 않고 작품을 제작할 수 있고 피로를 느끼지도 않는다. 따라서 동일한 시간 동안 그림을 그리는 양을 AI 화가와 비교한다는 것 자체가 무의미하다.

AI 화가의 창의력 실현은 속도와 수량의 측면에서 인간 화가를 압도한다. 이미지 생성 인공지능의 무제한적인 생산량에 대한 보고서가 있다. 에브리픽셀 저널(Everypixel Journal)에 따르면 오픈 AI가 개발한 이미지 생성 모델인 달리 2(DALL-E 2)는 하루 평균 3400만 개의 이미지 출력을 담당했으며, 미드저니(Midjourney)와 스테이블 디퓨전(Stable Diffusion)은 매일 200~250만 개의 이미지를 생성할 것으로 추정된다. 2022년 4월에 데뷔한 어도비 포토샵의 파이어플라이(Firefly)는 출시 후 단 3개월 만에 무려 10억 개의 이미지를 생성했다. 그림 그리는 생성형 인공지능은 1년 만에 150억 개 이상의 이미지를 생성했는데, 이는 인류 최초의 사진 헬리오그래피(Heliography)가 등장한 이후 사진작가들이 달성하는 데 150년(1826~1975)이 걸린 수량과 비등하다(Kahil, 2023).

1년 만에 150억 개라면 생성형 인공지능이 하루에 4100만 개 정도의 작품을 제작했다는 의미인데, 피카소가 하루에 1.8점 정도의 작품을 제작한 것과 비교 자체가 불가하다. 이와 같이 인간과는 비교할 수 없는 이미지 생성 능력은 인간 화가와 달리 AI 화가가 갖는 창의성의 원천이다. 따라서 디지털 AI 혁명은 인간 화가의 창의성에 대한 중대한 도전이며, 예술 창작에도 막대한 영향을 미칠 것으로 예측된다.

방대한 데이터와 무한한 생성 능력이 AI 화가의 창의성의 원천이지만 한계도 존재한다. AI 화가는 본질적으로 감정이나 경험이 없으며, 창작의 동기도 부재한다. 모든 창작의 과정은 인간이 제공한 데이터와 학습된 알고리즘에 의해 이루어지기 때문에 AI 화가의 창의성은 인간이 입력한 범위 안에서 작동한다. 또한 인공지능은 입력된 데이터에 의존하기 때문에 편향되거나 오염된 정보를 학습할 위험성도 크며, 생성 이미지의 재학습에 따른 오버피팅(overfitting)의 문제도 있다. 그리고 인공지능이 예술 작품을 분석하고 작품을 생성할 때, 학습된 범위를 벗어나지 못하고, 기존의 예술을 재구성하는 수준에 그치기 때문에 AI 화가의 창의성은 '창조'라기보다는 새로운 '변형' 또는 '조합'에 가까운 한계가 있다.

AI 화가의 오버피팅

2024년 사진 전문 미술관인 뮤지엄한미 삼청에 미국 사진의 거장 에드워드 웨스턴(Edward Weston, 1886~1958)의 대표작 〈누드〉(1936)가 전시되었다. 마치 태아 자세와 같이 몸을 웅크리고 무릎을 가슴에 끌어당기며

팔로 다리를 감싼 여인의 누드 사진이다. 누드지만 에로틱하기보다 인간의 신체가 갖는 조형적 아름다움이 돋보이는 작품이다.

그런데 비슷한 시기에 성곡미술관에서 〈누드〉와 유사한 작품을 전시했다. 분위기는 매우 비슷하지만 여성 모델의 신체 비례와 관절이 부자연스럽고 손가락은 여섯 개로 다소 어색한 작품이었다. 사실 이 작품은 프랑스 작가들이 미드저니를 사용해 웨스턴의 〈누드〉를 재현한 이미지였다(≪중앙일보≫, 2024.6.15). 최근에 생성형 인공지능이 만든 작품 수준이 인간의 작품과 구분이 쉽지 않을 정도로 많이 향상되었다. 그러나 웨스턴의 사진 작품을 학습한 인공지능이 생성한 이미지를 원작과 비교했을 때, 분위기는 유사하게 모방했지만 수준은 상대적으로 낮은 것도 사실이다. 이와 같이 원작보다는 다소 수준이 떨어지는 인공지능 생성 이미지가 확산하고, 이런 데이터를 지속적으로 학습하게 되면 '오버피팅'의 문제가 발생한다.

오버피팅이란 기계 학습에서 데이터를 과하게 학습함으로써 중요한 패턴 외에도 불필요한 세부 사항까지 학습하는 것을 의미한다. 인공지능의 학습은 단 한 번의 학습이 아닌 여러 번의 반복 학습을 통해 정답을 찾아 가는 과정이다. 이렇게 최고의 성능을 찾기 위해 모델을 조정하는 과정을 '최적화'라고 한다(과학기술정보통신부, 2021.2.15). 그러나 학습 모델이 샘플 데이터를 너무 오래 학습하거나 모델이 너무 복잡하면 데이터 세트 내에서 노이즈 또는 관련 없는 정보를 학습할 수 있다. 이처럼 불필요한 내용까지 학습 세트에 '과적화'된 상태를 오버피팅이라고 한다.

인간과는 비교할 수 없는 AI 화가의 이미지 생성 능력이 창의성의 원천이지만 폭발적으로 증가하는 인공지능의 이미지로 인해 미래에는 인터넷상에서 접하는 상당수의 이미지가 AI 화가가 만든 이미지일 가능성이 높다. 지금까지는 인간 화가의 작품이 AI 화가의 창의성 발전을 위한 데이터 제공처였다면 미래에는 인공지능 작품이 인간의 작품을 상당수 대신하게 되고, 대부분의 데이터 세트는 AI 화가의 작품으로 대체될 것이다. 그런데 지나치게 확산된 인공지능 생성 작품의 재학습 또는 자가학습에 따른 오버피팅으로 작품의 품질은 점점 낮아지게 된다.

일본 이화학연구소(RIKEN) 하타야 류이치로(Hataya Ryuichiro) 연구 팀은 보고서 『대규모 생성 모델이 향후 데이터 세트를 손상할 것인가?(Will large-scale generative models corrupt future datasets?)』를 통해 인간의 이미지에 인공지능이 생산한 이미지를 섞어 학습할 경우 이미지의 품질이 낮아지는 현상을 발표했다. 연구진은 실제 이미지와 생성된 이미지를 20%, 40%, 80%의 다양한 비율로 혼합해 모델의 성능에 미치는 영향을 실험했다. 실험 결과, 합성 이미지의 비율이 증가할수록 모델의 이미지 분류와 생성 작업에서 성능이 크게 저하되는 것으로 나타났다(Ryuichiro et al., 2023). 연구 팀은 인공지능의 이미지가 확산할 경우, 이미지 모델의 데이터 세트가 오염되어 인공지능의 성능에 치명적인 영향을 끼칠 수 있다고 진단했다(이형석, 2023.1.2.).

예를 들어 AI 화가가 생성한 이미지는 인간 화가의 이미지와 외형적으로 유사하지만 비정상적인 세부 사항이 포함될 수 있다. 코끼리의 코가 두 개라든가 사람의 손가락이 여섯 개인 경우 등등이다. 이러한 이미지를 실제 이미지와 다양한 비율로 혼합해 데이터를 생성할 경우 성능이 하락한다는 것이다. 왜냐하면 학습 모델은 데이터의 특정 세부 사항에 너무 집중해 전체적인 조화나 더 중요한 특징들을 놓칠 수 있기 때문이다. 따라서 웨스턴의 〈누드〉 원작을 재현한 인공지능 생성 작품과 같이 비현실적인 디테일이 강조되거나 전반적인 이미지의 균형이

깨져서 품질이 저하될 수 있다. 따라서 AI 화가의 무한정한 이미지 생성 능력이 창의성 발현의 원천이 되지만 다른 한편으로는 지나친 이미지의 생성과 확산으로 인한 오버피팅이 창의력 저하의 주된 요인이 될 수 있다.

참고문헌

고정민 · 정유나(2020). 인공지능 발전에 따른 문화예술콘텐츠의 미래 시나리오. ≪디지털융복합연구≫, 18(12), 49쪽.

과학기술정보통신부(2021.2.15). 너무 잘 학습해도 좋은 것이 아니다? 오버피팅(Overfitting). 과학기술정보통신부 공식 블로그, https://blog.naver.com/with_msip/222243939277?trackingCode=blog_bloghome_searchlist

이형석(2023.1.2). 예술계를 떠들썩하게 달구고 있는 'AI 화가', 이미지 생성 AI. 한국과학기술정보연구원(KISTI) 공식 블로그, https://blog.naver.com/withkisti/222972481350

중앙일보(2024.6.15). AI가 예술하는 시대, 사진의 역사를 보다, https://www.joongang.co.kr/article/25256491

Nadine Kahil(2023.8.21). GenAI generated 15 billion images in one year, a feat that took photographers 150 years to achieve. *WIRED Middle East*, https://wired.me/culture/ai-image/

Ryuichiro, H., Han, B., & Hiromi, A.(2023). Will large-scale generative models corrupt future datasets?. *2023 IEEE/CVF International Conference on Computer Vision (ICCV)*, pp.20498-20508.

07
AI 화가의 예술성

AI 화가의 예술성은 현대 미술의 일부로서 인정받으며, 누구나 손쉽게 창작이 가능한 예술의 보편화에도 기여한다. 그러나 대상 구분의 불분명성, 아날로그 감성의 부재, 표현의 규제 등의 한계도 있다. 특히 AI 화가는 텍스트를 표피적으로 해석하기에 동양화에서 중시하는 은유적 표현보다 현상 그대로를 직설적으로 표현하는 특성이 있다.

AI와 윤동주?

AI 화가의 예술적 한계

마르셀 뒤샹(Marcel Duchamp, 1887~1968)의 변기 이후 '무엇이 예술이냐?'는 예술의 진위 여부는 무의미해졌다. 변기에서 배설물까지 모든 것이 다 예술이 될 수 있는 현대 미술에서 인공지능 생성 작품이 '예술이냐 아니냐?'를 논의하는 것은 유효하지 않다. 기존의 예술 형식에 익숙해 있어서 새로운 형태의 예술을 수용하는 데 낯섦이 있을 뿐이지 이미 인공지능의 작품은 예술계의 많은 부분을 대신하고 있다.

실례로 네덜란드의 마우리츠하위스(Mauritshuis) 미술관이 요하네스 페르메이르(Johannes Vermeer, 1632~1675)의 원작 〈진주 귀걸이를 한 소녀〉를 타 미술관에 대여하면서, 그 빈자리를 대체할 모작 작품을 공모한 적이 있다. 이때 율리안 판디컨(Julian van Dieken)의 인공지능 작품 〈빛나는 귀걸이를 한 소녀〉가 선정되었다.

이 작품은 인터넷의 관련 이미지를 기반으로 미드저니(Midjourney)를 통해 생성한 작품이다. 페르메이르의 원작과 달리 귀에 걸린 진주는 LED 전구처럼 빛을 발하고 있고 뺨의 붉은색 주근깨 자국이 인상적이다. 그러나 이 작품이 미술관 명작을 대신할 자격이 있는지를 놓고 미술계에서는 격렬한 논쟁이 있었다(연합뉴스, 2023.3.11).

원작에 대한 모욕이라는 비판과 창조적인 해석이라는 호평이 있었지만, 인공지능의 작품이 원작의 예술성을 대신한 대표적 사례로 기억될 것이다.

예술성이란 일반인은 쉽게 성취할 수 없는 특성이다. 그러나 이미지 생성 인공지능으로 선천적 재능이 없는 사람도, 전문적인 교육을 받지 않은 사람도 누구나 손쉽게 예술을 생성할 수 있게 되었다. 텍스트를 입력하면 이미지를 바로 만들 수 있기에 본인의 생각을 작품화하는 것이 수월해졌다. 이를 '예술의 민주화(democratization)'라고 하는데 인공지능이 예술의 보편적 활용에 기여한 것은 분명하다. 인공지능으로 인해 전문적인 예술에 대한 접근성은 용이해졌지만, 인공지능의 예술적 성취가 원작을 넘어서기에는 여러 가지 난관도 여전히 존재한다.

첫째, '대상 구분의 불분명성'이다. 인간 화가는 경험과 직관으로 알 수 있는 대상 인식을 AI 화가는 구분하지 못하는 경우가 종종 있다. 예를 들어 남녀의 구분, 손가락 개수 또는 곤충의 날개 개수의 혼동과 같은 인간에게는 너무 쉬운 구분이 불가하다. '한국 전통 수묵 채색화 데이터' 구축을 통해 한국화 그리는 인공지능을 개발하고자 할 때, 주름이 많은 노인 초상화를 생성한 적이 있다. 얼핏 보면 괜찮은 초상화였지만 자세히 보니 실눈과 주름 사이가 어색했다. 이는 인간에게는 너무 쉬운 가는 실눈과 눈가의 주름을 명확하게 구분하지 못해 발생한 어색함이었다. 이런 어색함은 표범 그림의 생성에서도 나타나는데, 표범의 검은 점무늬와 검은 눈동자를 혼동해 눈을 무늬로 또는 무늬를 눈으로 잘못 표현하는 경우가 다반사로 나타났다.

둘째, '아날로그 감성의 부재'다. AI 화가는 정해진 알고리즘과 학습된 데이터 내에서 주어진 명령에 따라 정확하게 수행하려는 경향이 강하다. 그러다 보니 인간의 즉흥적인 감정이나 우연적인 요소를 반영하기 어렵다. 그래서 우연으로 발생하는 먹의 번짐과 같은 회화적 요소를 오류로 판단해 형태를 정확하게 인식하지 못하는 단점이 노출되었다. 또한 인공지능 학습용 한국 전통 수묵 채색화 제작 데이터 구축 과정에서 화지(畫紙)인 전통 한지(韓紙)의 부드럽고 광택이 나는 재질감이 스캔 및 정제하는 과정에서 상실되는 아쉬움이 있었다. 그려진 이미지에 대한 디지털화가 이루어지면서 바탕재로서의 한지의 질감은 하얀 화면으로 변환되어 고유의 재질감이 소실된 것이다. 또한 손목의 움직임에 따른 필선의 자연스러운 붓 터치 흔적, 물 번짐으로 발생하는 발묵(潑

墨)과 같은 수묵 농담의 변화 등 아날로그적 요소가 디지털화 과정에서 또는 생성 과정에서 손실되는 문제점이 드러났다.

셋째, '표현의 규제와 한계'다. 조선 말기 화가 허련(許鍊, 1808~1893)은 고종으로부터 남녀가 사랑을 나누는 춘화도(春畫圖)를 그리라는 명을 받았다. 그런데 허련이 그린 것은 선정적인 그림이 아니라 깊은 산속 외딴집 섬돌 위에 남녀의 신발이 한 켤레씩 놓인 그림이었다(박종철, 2010.5.13). 예술적 품위도 지키면서 임금의 지시도 거역하지 않은 화가의 재치(才致)였다.

그러나 인공지능에게 "춘화도를 그려 주세요" 하고 텍스트를 입력하면 "죄송하지만, 요청하신 내용은 도와드릴 수 없습니다"라고 답변한다. 생성형 인공지능은 윤리적, 사회적, 법적 책임을 준수하기 위해 성적, 폭력적 또는 부적절한 콘텐츠의 생성 요청을 거부하도록 설계되어 있기 때문이다. 그러나 성적 내용, 특정 인물, 폭력적 장면 등 표현 제재에 규제 또는 한계가 있다는 점은 예술의 자율성에 대한 침해이기도 하다. 당연히 남녀의 사랑을 어떻게 표현하느냐에 따라 애틋한 로맨스도 될 수 있고 노골적인 포르노그래피(pornography)도 될 수 있기 때문에 제재 대상이 될 수밖에 없다. 더욱이 허련과 같이 작품의 주제를 준수하면서도 도덕적, 윤리적 기준을 지킬 수 있는 눈치 빠른 재주는 인간만이 가지고 있다. 따라서 AI 화가는 도덕적, 윤리적 기준을 준수하도록 설계되며, 불법적이거나 비윤리적인 콘텐츠를 생성할 가능성을 줄이기 위해 엄격한 필터링 시스템과 제한 규정을 적용받는다. 이는 인공지능의 사회적 책임을 지키고, 사용자가 인공지능을 악용하는 것을 방지하기 위한 당연한 조치지만 AI 화가의 예술적 활용에는 장애가 되기도 한다.

AI 화가의 은유법

동양화에서는 그림을 '소리 없는 시(無聲詩)'라고 한다. 이는 화가가 화폭 위에 경물을 그리면서 대상을 단순히 재현하는 것이 아니라 자신의 마음속 시적 정서를 담아 표현한다는 의미다. 경물은 객관적 물상인데 여기에 화가의 마음을 어떻게 담을 것인가 하는 구체적 방법론은 '형상을 세워서 뜻을 전달한다'는 입상진의(立象盡意)로서 설명한다. 상세한 묘사 대신 시적 은유로서 뜻을 전달한다는 것으로, 그리지 않고도 다 표현한다는 의미다.

송나라 휘종 황제는 그림 애호가였는데, 종종 화공에게 시적인 화제(畫題)를 제시했다. "험준한 산, 고찰을

감추었네(亂山藏古寺)"라는 화제를 주었을 때 대부분의 화공은 첩첩산중의 오래된 절을 묘사하는 그림을 그렸다. 동일한 텍스트를 인공지능 달리 3에게 입력했는데, AI 화가도 천편일률적으로 높은 산봉우리와 깊은 계곡 가운데 오래된 절을 그리는 방식으로 생성했다. 그런데 송대 한 화공의 그림에는 절 자체가 없었다. 다만 깊은 산중에 오솔길이 있고 그 가운데를 물을 길어 올라가는 중이 묘사되어 있다. 비록 절은 등장하지 않지만 중을 통해 절을 은유적으로 그린 것이다.

다음과 같은 텍스트가 주어진다면 어떤 그림을 그릴 수 있을지 상상해 보자. "꽃을 밟으며 돌아가니 말발굽에 향기가 난다(踏花歸路馬體香)." 이 글도 휘종이 화공을 모아 놓고 미술 대회를 열었을 때의 화제다. 이와 같은 텍스트가 주어졌을 때 아마 대부분이 상상하는 그림은 꽃과 말의 모습일 것이다. 그리고 동일한 텍스트를 챗GPT 4에 입력해 이미지를 생성했을 때도 근경에는 꽃밭이 있고 원경에 말이 걸어가는 그림을 생성했다. 그러나 이 화제의 취지는 객관적인 경물의 직접적 묘사가 아니라 향기(香)라는 추상적인 개념을 자기만의 해석으로 표현해 보라는 것이다.

챗GPT 4의 경우 거대 언어 모델과 연결되어 있어 송대 휘종의 화제라는 전체적인 문맥을 이해했음에도 불구하고 직접적인 묘사에 그치는 성향이 있었다. 반면에 1등을 한 화공은 꽃송이 하나 보이지 않지만, 사뿐히 달리는 말의 뒷발굽을 쫓아 날아가는 나비 떼를 표현했다(정민, 2003). 꽃향기를 나비 떼로 은유적으로 표현한 것이다. 이를 동양화에서는 '구름을 드러내 달을 표현한다'는 뜻의 홍운탁월(烘雲托月) 기법이라고 한다. 달을 직접적으로 묘사하는 서양화와 달리, 동양화에서는 수묵으로 구름을 그리면서 화폭에 비워 둔 둥근 여백 공간으로 달을 표현한다는 뜻이다. 즉, 직접적으로 그리지 않았음에도 주변을 통해 본질을 드러낸다는 의미다(하영균, 2020.8.18).

그래서 동양에서는 화가를 두 유형으로 분류했는데 '화원(畫員) 화가'와 '문인(文人) 화가'다. 전문적인 직업 화가인 화원 화가는 눈에 보이는 외적인 기교와 직접적인 형태를 추구한다. 문인 화가는 사물의 본질을 관조하면서 대상의 이면에 숨겨진 본질을 지향한다. AI 화가는 사물을 있는 그대로 표현하는 현상 세계 추구의 측면에서 문인 화가보다는 화원 화가에 가깝다. 그래서인지 최근 생성형 인공지능의 수묵화 이미지는 텍스트의 충실한 묘사에 치중하는 화원 화가 화풍의 북종화(北宗畫)

경향이 강하다. 북종화는 화원 화가와 같이 직업 화가들이 외면적 형사(形似)에 치중해 그린 기교적이고 장식적인 그림을 의미한다. 그런 점에서 인간 화가가 텍스트에 내재한 행간의 의미까지 고려해 사물의 본질적인 실체를 추구할 수 있다면, AI 화가는 텍스트에 대한 직설적이고 표피적인 접근에 한정되어 있어 은유적 접근에는 한계가 보인다.

참고문헌

박종철(2010.5.13). 김경수의 기초漢字이야기(3) 畫(화). ≪경상일보≫, https://www.ksilbo.co.kr/news/articleView.html?idxno=293739

연합뉴스(2023.3.11). 'AI 귀걸이 소녀' 네덜란드 미술계 후끈…"모욕적" vs "창조적", https://www.yna.co.kr/view/AKR20230311023100009

정민(2003). 『정민 선생님이 들려주는 한시 이야기』. 보림, 17-19쪽.

하영균(2020.8.18). [미학의 사자성어] 홍운탁월(烘雲托月). 월드코리안뉴스, https://www.worldkorean.net/news/articleView.html?idxno=37595

08
AI 화가와 한국화

AI 화가의 생성 인공지능 모델이 사용하는 대형 데이터 세트에서 한국화를 포함한 한국형 데이터가 차지하는 비중은 매우 약소하기 때문에 한국형 데이터 학습이 시급하다. 따라서 한국화를 학습시키기 위한 인공지능 학습용 데이터 구축 및 디지털 콘텐츠 제작 활성화가 요구된다.

AI와 한의학?

한국형 데이터

인공지능에 "세종 대왕을 입력하니 만주족이 생성되기도 하고 한옥 또는 한복과 같은 한국형 이미지는 생성되지 않는다. 설령 된다고 해도 중국 또는 일본 느낌의 건축물이 나오기 때문에 한국형 데이터 학습이 시급하다"(≪세계일보≫, 2024.7.9.)는 기사에서 보듯, 한국형 데이터의 학습이 이미지 생성형 인공지능에 부족한 상태다. 대부분은 유럽과 미국을 토대로 한 서양의 데이터가 반영되어 있다. 그래서 한국적 요소임에도 불구하고 영어권을 중심으로 한 문화적 편향성이나 사회적 편견을 반영한 시각적 결과물이 산출되는 경향이 있다.

이미지 생성 인공지능 모델들이 사용하는 대형 데이터 세트에서 아시아적 요소가 차지하는 비중은 상대적으로 미흡하고, 그중에서도 한국적 이미지는 극히 일부에 불과하다. 특히 인공지능 모델 훈련에 자주 사용되는 라이온-5B(LAION-5B)와 같은 대형 공개 데이터 세트는 58억5000만 개의 이미지-텍스트 쌍으로 구성되어 있는데, 영어 이미지-텍스트 쌍이 23억2000만 개로 거의 절반을 차지한다. 다음으로 다국어 이미지-텍스트 쌍이 22억6000만 개이며, 이 중에서 러시아어 10.6%, 프랑스어 7.4%, 독일어 6.6%, 스페인어 6.6%, 중국어 6.3% 순으로 상위를 차지한다.

『LAION-5B: 차세대 이미지-텍스트 모델 학습을 위한 대규모 공개 데이터 세트(An open large-scale dataset for training next generation image-text models)』라는 보고서에 따르면 한국어를 포함한 다국어 데이터 세트가 범용적이지 않기 때문에 영어 데이터를 한국어로 번역해 제공하는 상황이다. 그나마 LAION-5B의 한국어 포함 다국어 세트는 위키백과(Wikipedia)의 약 3600만 개 샘플보다 두 배 큰 규모다(Schuhmann et al, 2022). 이처럼 다국어 학습 모델을 위한 LAION-5B의 증량 노력에도 불구하고 한국어 데이터는 영어 데이터와 비교할 수 없을 정도의 수준이고, 추가된 데이터도 서구 중심 데이터의 한국어 버전에 불과하다.

그래서 세계적인 예술가 히토 슈타이얼(Hito Steyerl)은 생성형 인공지능에 의해 산출된 이미지는 거대한 데이터 세트의 확률적인 평균치에 수렴된 통계적 이미지로서 서구 사회의 문화적 필터를 통해 본 편향된 시각이라고 비판했다(정은영, 2023). 더불어 생성되는 한국적 이미지가 한국의 실재적인 모습이기보다 서양인들이 보기 원하는 오리엔탈리즘의 반영이라는 문제점도 있다. 그래서 AI 화가가 표현하는 한국적 이미지는 개별 국가의 특성이기보다 서구의 시각에서 본 한국의 모습인 경우가 많다. 특히 한국적인 요소로서 한복, 한옥, 태극기의 도상이 주로 등장하는 점은 주로 서양인의 관점에서 이해한 오리엔탈리즘이다. 실례로 추석 명절 카드를 만들고자 할 때 AI 화가가 다루는 소재는 한복, 한옥 등에 국한된다. 종종 상투를 튼 한복 입은 남성도 등장하는데, 한복과 한옥을 빼고 명절 카드를 만들어 달라고 지시했음에도 불구하고 기와집과 전통 한복을 포함한 카드가 생성된다.

따라서 한국형 데이터의 부족과 서구적 시각의 편향성을 극복하기 위한 국가 차원의 노력이 매우 요구된다. 그러나 국내 국공립 미술관, 박물관 등 관계 기관의 자료는 라이선스 문제로 인공지능의 학습에 효과적으로 활용하지 못하고 있다. 더불어 관계자들이 갖고 있는 인공지능 학습용 디지털 자료에 대한 보수적이고 폐쇄적인 태도도 문제로 지적된다.

일본 인공지능 회사 '사카나 AI'는 우키요에(浮世絵) 화풍으로 그림을 생성하는 인공지능 모델 '에보-우키요에(Evo-Ukiyoe)'와 '에보-니시키에(Evo-Nishikie)'를 발표해 주목을 받았다. 그리고 일본의 주요 기업들로부터 약 300억 엔(약 2800억 원) 규모의 투자금을 유치했다.

우키요에는 일본의 다색 목판화로 일본 에도(江戶, 1603~1867) 시대 서민 계층에서 유행한 풍속화이며, 미녀, 기녀, 배우, 명소 등이 그림의 중심 제재로 등장한다(월간미술, 1995). 우키요에는 자포니즘(Japonism)이라는 이름으로 유럽에서 고흐, 마네, 모네 등 인상파 화가에게 큰 영향을 끼쳤다. 따라서 일본 문화를 세계에 알릴 수 있는 일본 고유의 콘텐츠이며 '소버린 AI(sovereign AI)' 개념과도 연결된다(AI포스트, 2024.9.20). 소버린 AI는 한 국가가 자체의 인공지능 인프라, 데이터, 기술을 갖추고 고유의 언어와 문화를 반영해 개발한 인공지능을 의미하는데, 데이터의 주권을 유지하기 위한 한국형 데이터의 구축에도 시사하는 바가 크다.

한국화 학습용 데이터 구축

글로벌 금융 기업 유비에스(UBS)의 『글로벌 미술 시장 리포트』에 따르면, 2021년 국내 미술 시장이 전년 대비 179.4% 성장했고, 온라인 미술 시장 규모는 전체 총액의 약 9%에 이른다. 그리고 2022년에는 역대 최초로 1조 원을 돌파해, 전년도 미술 시장 대비 37.2% 성장했다(문화체육관광부, 2023.1.4). 이처럼 국내 미술 시장의 지속적인 성장과 세계적인 한류 열풍으로 한국 콘텐츠 산업

시장은 확산 추세지만 상대적으로 한국 미술에 대한 관심과 지원은 미흡한 게 현실이다.

최근 달리(DALL-E), 미드저니(Midjourney), 스테이블 디퓨전(Stable Diffusion) 등 그림을 그리는 인공지능 기술은 서양화, 일러스트레이션, 사진 등을 중심으로 급속하게 발전하고 있다. 하지만 동양화 또는 한국화와 관련한 기술 개발은 늦어지고 있다.

이러한 시기에 과학기술정보통신부의 한국지능정보사회진흥원(NIA)이 추진하는 '인공지능(AI) 학습용 데이터 구축 사업' 중 2022년 컴퓨터 그래픽스 분야 '한국 전통 수묵화 화풍별 제작 데이터' 사업과 2023년 지정 공모 분야인 '한국 전통 수묵 채색화 제작 데이터' 사업의 수행 기관으로 경희대학교가 선정되었다. 인공지능이 수묵화 또는 수묵 채색화를 활용해 한국화를 직접 그릴 수 있도록 학습용 데이터를 구축하는 사업으로 한국적 디지털 콘텐츠를 위한 대규모 지원 사업이었다. 경희대학교 산학 협력단이 주관 기관이며, 서울대학교, 이화여자대학교, 성균관대학교, 숙명여자대학교, 추계예술대학교, 성신여자대학교, 세종대학교, 중앙대학교, 강원대학교 등 주요 미술 대학과 인공지능 업체 올빅뎃 등이 참여했다. 총사업비는 각각의 사업이 정부 지원금 17억 원과 기관 분담금을 포함해 총 19억 원이었다. 사업의 목적은 한국 전통 수묵화와 수묵 채색화 데이터를 활용한 디지털 콘텐츠 제작 활성화 및 인공지능 미술 시장 확대를 위한 체계적인 학습용 한국화 데이터 세트를 마련하는 데 있다. 그리고 미술 산업과 문화, 관광 등 다양한 분야에서 한국 전통 미술이 활용될 수 있는 인공지능 학습용 데이터 기반을 구축하는 것이다.

'한국 전통 수묵화 화풍별 제작 데이터' 구축에서는 백묘법(白描法: 윤곽선만 그리는 화법), 구륵법(鉤勒法: 형태의 윤곽을 필선으로 그리고 그 안을 채색하는 화법), 몰골법(沒骨法: 윤곽선을 그리지 않고 먹이나 물감을 찍어서 한 붓에 그리는 화법) 등 대표적인 수묵화 기법 세 종류의 대분류와 아홉 개의 소분류로 구분해 수묵화의 화풍별 데이터를 구축했다. 그리고 '한국 전통 수묵 채색화 제작 데이터' 구축에서는 인물, 동물, 사물을 포함한 20종류의 대분류와 74개의 소분류로 구분되는 다양한 대상을 일필(一筆: 붓을 단번에 쓰는 필법)과 공필(工筆: 붓을 공들여서 여러 번 칠하는 필법) 채색 화풍, 몰골과 구륵 채색 화법을 활용했다. '한국 전통 수묵화 화풍별 제작 데이터' 사업으로 구축된 7325건과 '한국 전통 수묵 채색화 제작 데이터' 사업으로 구축된 4439건의 데이터는 AI 기술과 제품 · 서비스 개발에 필요한 인프라를 지원하는 인공지능 통합 플랫폼 'AI 허브'를 통해 공개되었다. 특히 '한국 전통 수묵 채색화 제작 데이터'는 한국 전통 수묵 채색화의 다양한 화풍과 필선, 종이 유형을 포함한 작품 이미지와 한글 · 영어 캡션, 태그 데이터로 구성되며, 이를 통해 AI 화가가 한국 전통 회화의 특성을 학습하고 한국적인 수묵 채색화 콘텐츠 생성에 활용된다.

참고문헌

문화체육관광부(2023.1.4). 『우리나라 미술시장 매출액 1조 원 돌파』. 문화체육관광부 보도자료.

세계일보(2024.7.9). '세종대왕' 입력하니 만주족 생성…AI 영화, 한국형 데이터 학습 시급, https://www.segye.com/newsView/20240709513668?OutUrl=naver

월간미술(1995). 세계미술용어사전. 229-230쪽.

정은영(2023). 인간과 기계를 위한 '데이터 세팅'. 『PROTO 수묵채색 with AI』, 경희대학교 산학협력단, 14쪽.

AI포스트(2024.9.20). 소버린 AI에 눈뜬 日…에도시대 풍속화 그리는 AI 모델에 '2800억원' 모였다, https://www.aipostkorea.com/news/articleView.html?idxno=3662&fbclid=IwY2xjawFdpkRleHRuA2FlbQIxMQABHWOvfqzaW9EY0Wc4AmwoPpJUs7S86UY7iPDobjmcKLDmvrKWKiuFrNRLTA_aem_flPMglPWOt_CeWiblgPSPA

Schuhmann, C. et al.(2022), LAION-5B: An open large-scale

dataset for training next generation image−text models. Advances in neural information processing systems 35 – 36th conference on neural information processing systems, NeurIPS 2022, Neural information processing systems foundation. pp.1−17.

09
AI 화가의 저작권

AI 화가 창작물의 저작권이 누구에게 귀속되는지에 대한 명확한 해석이나 법규가 현재는 존재하지 않는다. 그리고 인공지능 작품의 저작권 침해에 따른 법적 분쟁도 진행형이다. 따라서 저작권자로서 인간이 아닌 인공지능 작품의 저작권 문제는 창작물의 소유와 권리 귀속을 재정의해야 하는 시급한 시대적 과제다.

AI와 화장품?

AI 데이터의 저작권 침해

두 축구 선수가 격렬하게 공을 두고 경합하는 이미지를 생성했다. 스테이블 디퓨전(Stable Diffusion)의 생성 이미지인데 엉뚱하게도 세계 최대 이미지·영상 플랫폼 기업인 게티이미지(Getty Images)의 워터마크(watermark) 로고가 새겨져 나왔다. 워터마크는 진본의 저작권을 보호하고 위조, 불법 복제를 방지하기 위한 용도로 삽입하는 물리적 표지다. 따라서 인공지능 생성 이미지에 게티이미지 워터마크가 포함되었다는 것은 타사의 콘텐츠를 인공지능 학습에 무단으로 사용했다는 명확한 증거다. 2023년 1월 게티이미지는 스테이블 디퓨전의 개발사인 스태빌리티 AI(Stability AI)를 상대로 최대 1조 8000억 달러(약 2300조 원)에 달하는 초대형 손해 배상 소송을 제기했다(IT동아, 2023.2.9). 이 사건은 생성형 인공지능이 저작권을 침해한 대표적인 사례로 꼽힌다.

생성형 AI 화가는 방대한 양의 학습 데이터를 기반으로 작품을 만들어 낸다. 대부분의 인공지능 모델은 대규모 오픈 소스 데이터나 비공개 데이터를 학습에 사용하며, 그 외에도 웹에서 크롤링(crawling)이나 스크레이핑(scraping)과 같은 방법으로 수집한 데이터를 활용하는 경우가 많다. 크롤링은 웹사이트의 구조와 링크를 따라 데이터를 수집하는 작업이고, 스크레이핑은 특정 웹 페이지에서 필요한 정보만을 선택적으로 추출하는 작업이다. 이러한 방식으로 인터넷에서 무차별적으로 데이터를 가져오는 과정에서 저작권을 침해할 개연성이 높다(정은영, 2023). 따라서 생성형 인공지능이 학습한 데이터가 기존 예술가의 작품을 무단으로 학습했다는 논란은 끊이지 않는 중이며, 많은 예술가가 스태빌리티 AI, 미드저니(Midjourney), 데비안아트(DevianArt) 등을 상대로 저작권 침해 소송을 제기하고 있다(Ghoshal, 2023.11.1).

많은 인공지능 기업은 학습에 사용된 데이터의 출처를 공개하지 않고 있다. 이에 따라 저작권 침해에 대한 의구심이 커지고 있다. 데이터 공개가 불투명한 상황에서는 무단 사용을 감지하거나 이에 대응하기도 어렵다. 심지어 창작자들은 본인의 작품이 인공지능 학습에 사용된 사실조차 모르는 경우도 허다하다. 정보통신정책연구원(KISDI)의 보고서 『생성형 AI와 저작권 현안』(2023)에서 인공지능 기업들이 학습 데이터를 공개하지 않은 것은 "개인 정보 침해물, 저작권 침해물, 경쟁 사업자가 제공하는 정보에서 크롤링한 데이터 등을 기반으로 제작됐을 가능성이 크다"며 데이터 공개를 하지 않는 것이 아니라 하지 못하는 것이라고 지적한 바 있다(THE AI, 2024.1.3).

그러나 일부에서는 인공지능 학습용 데이터는 저작권 침해에 해당하지 않는다는 저작권 면책을 주장하기도 한다. 그 근거로 첫째, 빅 데이터의 특성상 개별 데이터의 저작물성 여부를 일일이 파악하기 어렵고, 이용에 대한 저작권 협상과 라이선스 획득 과정이 번거롭고 시간이 많이 소요되기 때문에 인공지능 기술 발전의 저해 요소가 된다는 것이다(박현경, 2020). 둘째, 저작권이 있는 자료를 연구, 교육, 비영리 기술 개발에 사용할 때 저작권 침해가 아니라 '공정 이용'으로 간주하는데, 인공지능 학습도 새로운 기술 개발과 혁신을 목적으로 하는 공익적 목적으로 활용된다는 논리다. 셋째, 인공지능이 저작권이 있는 자료를 사용하더라도 원저작물과는 다른 방식 또는 목적으로 이루어진 '변형적 이용'이라는 논리다. 인공지능은 예술 작품을 그대로 복제하는 것이 아니라 통계적으로 분석해 패턴과 정보를 학습한다. 이는 학습을 위한 정보의 습득과 해석의 기능적 목적을 수행하는 데이터일 뿐, 창의적인 콘텐츠에는 사용하지 않기 때문에 저작권의 목적 또는 시장 대체성이 없다는 주장이다(Wolfson, 2023).

반면 인공지능 학습 과정에서의 저작권 면책을 반대하는 이유는 다음과 같다. 첫째, AI 화가가 저작물을 학습하는 과정은 인간이 창작물을 학습하고 응용하는 과정과 유사하다는 점을 들어, 인공지능 역시 인간처럼 창작 과정에서 저작물을 이용하는 것으로 볼 수 있다는 논리다. 학습을 통한 표현의 모방에서 창작이 비롯된다는 창작의 원리는 인공지능에도 똑같이 적용된다는 것이다. 둘째, 인공지능 학습 과정에서 허락 없이 저작물이 사용된다면 인간의 창작 행위에 대한 최소한의 법적 보호 장치가 약화되어, 현재의 예술 생태계는 완전히 붕괴한다는 점이다(서윤경, 2023). 셋째, 교육이나 비영리 목적이 아닌 상업적 목적을 가진 인공지능 시스템은 공정이용이 아니며, 인공지능 기업들은 무료로 창작물을 사용해 이익을 얻지만 원저작자들은 어떠한 보상도 받지 못한다는 점이다. 그리고 인공지능의 변형적 사용일지라도 원작의 창의적 요소를 그대로 복제하거나 유사한 작품을 만들어 유포 또는 남용함으로써 원저작자의 명예를 훼손하는 저작 인격권 침해가 발생할 수 있다. 이와 같이 인공지능 기술이 발전함에 따라 기술 혁신 보호와 창작자의 권리 보호 사이의 충돌은 더욱 커질 전망이다. 이러한 문제를 해결하기 위해서는 기술적 발전을 도모

하면서 창작자의 권리와 이익도 보호할 수 있는 명확한 법적 체계와 투명한 데이터 관리가 요구된다.

AI 창작물의 저작권 적용

인공지능 창작물의 저작권에 대한 논의는 고가에 거래된 '오비어스(Obvious) 초상화', '넥스트 렘브란트(The Next Rembrandt)' 작품 등이 인간 화가의 작품을 대체할 수 있는 가능성을 보여 주면서 본격화되었다. 이에 따라, 인공지능이 창작한 작품에도 저작권을 부여해야 하는지에 대한 논란이 발생한다.

인공지능 창작물에 관한 저작권 논의의 핵심은 "인공지능이 저작자인가?"라는 점이다. 만약 "원숭이도 저작자인가?" 하고 질문한다면 어떻게 판단할 것인가? 이에 대한 판결이 미국에서 있었는데, '나루토(Naruto)'라는 짧은 꼬리 원숭이가 찍은 셀카 사진의 저작권을 인정할 것인가에 대한 법적 분쟁이었다. 결론적으로 미국 법원은 인간의 창작물만이 「저작권법」의 보호를 받을 수 있다는 이유로 원숭이를 저작자로 인정하지 않았다. 이와 같은 선례에 비추어 볼 때 현행법 체제하에서는 AI 화가가 제작한 작품도 인간의 창작물이 아니기 때문에 저작권자로 인정하기 어렵다는 결론을 유추할 수 있다.

저작권의 근본적인 취지는 저작자의 권리를 보호하고 공정 이용을 촉진해 문화 관련 사업의 발전을 촉진하는 것이다. 한국의 「저작권법」 제2조 제1, 2호에 따르면 "저작물은 인간의 사상 또는 감정을 표현한 창작물을 말한다." 따라서 「저작권법」에서 보호하고자 하는 저작물 성립의 필수 조건은 '인간의 사상 또는 감정', '표현', '창작물'이다. 그런데 인공지능은 사상이나 감정을 가진 인간으로 볼 수 없기 때문에 저작물을 보호받을 수 있는 저작권자가 아니다.

또한 2023년 문화체육관광부가 『AI 저작권 가이드라인』을 통해 제도적인 지침을 제시하면서, 인공지능이 만든 그림, 시, 소설 등 창작물은 저작권을 등록할 수 없다는 내용을 명시했다. 그리고 인간이 명령어를 직접 입력하고 전체를 기획했다 하더라도 저작권 등록은 불가하다고 언급했다(매일경제, 2023.12.18). 대표적인 사례로 우리나라에서는 AI 작곡가 '이봄(EvoM)'의 곡이 저작권을 인정받지 못한 사례가 있으며(서윤경, 2023), 미드저니를 활용해 미술 대회에서 수상한 〈스페이스 오페라 극장(Théâtre D'opéra Spatial)〉도 저작권을 인정받지 못한 상태다.

인간의 사상과 감정이 표현된 창작품이 저작권 보호

의 핵심이라면, AI 화가의 작품은 저작물로서 보호받을 수 없다. 그러나 인공지능이 창작하는 과정에서 인간의 개입이 어느 정도로 중요한 역할을 했느냐에 따라 저작권의 배분 여부는 다르게 적용될 수 있다. 2023년 크리스 카시타노바(Kris Kashtanova)의 삽화 〈새벽의 자리야(Zarya of the Dawn)〉는 미드저니를 활용한 작품으로, 이미지 자체는 인공지능이 만들었기 때문에 저작권으로 보호되지 않지만 이미지의 배열과 책의 텍스트에서 인간의 창의성이 인정되어 편집 저작물로는 유효하다(김윤명, 2023). 이는 인공지능이 창작 과정에서 점점 더 중요한 역할을 담당하게 되면서 발생할 수 있는 복잡한 저작권 문제를 상징적으로 보여 준 사례다.

사진작가의 경우 스냅 사진과 같이 무언가를 찍는 단순 행위가 아닌, 자신의 의도를 담아 피사체를 선택하고 이에 따른 구도, 조명, 색감 등을 창의적으로 표현했다면 창작물로서 저작권을 보호받는다. 사진작가가 사진기라는 도구를 사용해 사진 저작물을 인정받듯이, 도구로서 인공지능을 활용한다면 인간의 개입에 따라 저작권이 인정될 가능성은 열려 있다.

일각에서는 인공지능의 창작물도 인간 화가의 작품과 같은 감동을 주었다면 인간의 저작물과 동일하게 보호

해야 한다고 주장하기도 한다. 즉, 저작물을 예술로 인지하는 주체는 감상자이기 때문에, 감상자에 의해 예술로 수용된다면 저작권을 인정해야 한다는 것이다. 그러나 현행법 체계 안에서 AI 화가가 저작자로서 저작권을 보호받는 데는 한계가 있다. 더욱이 AI 화가가 생성한 작품도 결국 인간이 만든 알고리즘의 결과이며 AI 모델을 훈련하고 특정 프롬프트를 입력한 인간 개입의 반영이라면 AI 화가를 독립적인 저작자로 간주할 수 없다.

AI 화가를 독립적인 저작자로 인정할 수 없다면, 인공지능 제작자나 사용자, 데이터 제공자 중 누가 대신 저작권을 소유할 것인가에 대한 논의가 대두된다. 따라서 창작을 단순히 결과물로만 판단할 것인지, 아니면 의도와 과정을 포함해 판단할 것인지에 따른 저작권 적용의 범위와 기준은 달라지기 때문에 AI 화가 창작물의 소유와 권리 귀속을 명확히 정리할 필요가 있다.

참고문헌

김윤명(2023). 생성형 AI와 저작권 현안. 정보통신정책연구원, ≪KISDI AI Outlook≫, 2023(13), 14-15쪽.

매일경제(2023.12.18). AI 그림·소설 저작권 등록 못한다, https://www.mk.co.kr/news/culture/10901453

박현경(2020). 인공지능 학습과정에서 저작물의 이용에 관한 소고:

한국스포츠엔터테인먼트법학회. ≪스포츠엔터테인먼트와 법≫, 23(1), 138-139쪽.

서윤경(2023). 생성 인공지능 창작과 저작권의 쟁점들: 중앙대학교 인문콘텐츠연구소. ≪인공지능인문학연구≫, 15권, 197, 203-204쪽.

정은영(2023). 인간과 기계를 위한 '데이터 세팅'. 『PROTO 수묵 채색 with AI』, 경희대학교 산학협력단, 14쪽.

Ghoshal, A.(2023.11.1). 생성형 AI 저작권 소송 첫 판결, "유사성 부족"으로 아티스트 패배. ITWORLD, https://www.itworld.co.kr/article/3547500/%EC%83%9D%EC%84%B1%ED%98%95-ai-%EC%A0%80%EC%9E%91%EA%B6%8C-%EC%86%8C%EC%86%A1-%EC%B2%AB-%ED%8C%90%EA%B2%B0-%EC%9C%A0%EC%82%AC%EC%84%B1-%EB%B6%80%EC%A1%B1%EC%9C%BC%EB%A1%9C-%EC%95%84.html

IT동아(2023.2.9). 게티이미지, 인공지능 사진 생성 도구에 '2,268조 원' 소송 제기, https://it.donga.com/103435/

THE AI(2024.1.3). 노 젓기 바쁜 AI 기업에 불어온 역풍 '저작권', https://www.newstheai.com/news/articleView.html?idxno=4715

10
AI 화가와의 공생

AI 화가의 미래를 인간 화가와의 관계와 창의성의 측면에서 네 가지 시나리오로 예측한다. AI 화가의 등장은 인간 화가의 위협이 될 수도 있다. 그러나 혁신적 기술이 회화의 새로운 창의적 도구가 된 것처럼 새로운 예술의 시작점이며 인간만의 고유한 예술적 가치와 역할을 재발견할 수 있는 공생의 기회기도 하다.

종교와 AI?

AI 화가 미래 시나리오

2024년 5월 15일 구글은 거대 언어 모델(LLM) '제미나이(Gemini)'를 공개하면서 아래와 같은 캐치프레이즈를 발표했다.

> 우리는 AI가 사람들의 삶을 의미 있게 향상할 수 있다고 생각하기 때문에, AI를 모든 사람에게 유용하게 만들고자 한다(We want to make AI helpful for everyone because we think that AI can meaningfully improve people's lives).

인공지능에 대한 미래의 전망은 위와 같이 모든 사람에게 유용할 것(making AI helpful for everyone)이라는 긍정적인 기대와 비전도 있지만, 인공지능에 대한 막연한 공포심 또는 위기감도 있다. 그러나 한 가지 명백한 점은 인공지능은 굉장히 유용하면서도 강력한 도구이자 미지, 미완의 존재라는 사실이다. 따라서 인공지능 발전에 따른 인간 화가와 AI 화가의 관계에 관한 미래 시나리오를 확정할 수는 없지만, "인공지능 발전에 따른 문화예술콘텐츠의 미래 시나리오"(고정민 · 정유나, 2020)에 따르면 다음과 같이 네 가지 유형으로 예측해 볼 수 있다.

첫째, AI 화가가 창의성이나 예술성이 인간 화가를 초월하지 못한 채 보조 수단으로 사용되는 시나리오다. 여기서 인공지능은 예술가가 창작에 활용하는 도구로서 예술의 효율성을 높이는 데 기여하며, 미술계의 전통적 구조는 그대로 유지된다. AI 화가의 저작권과 유통, 기술 관리는 통제가 가능한 범위 내에서 관리된다. AI 화가의 작품은 인간 화가가 만든 작품과 질적으로 구별되며, 인간 화가의 원작이 여전히 높은 평가를 받는다. 인간 화가는 인공지능을 창작을 위한 수단으로 사용해 예술 작품과 창작의 다양성이 확대된다.

둘째, AI 화가의 창의성이나 예술성이 인간을 능가하지 못하지만, 관리가 미흡해 혼란이 발생하는 시나리오다. 인공지능의 높은 생산성으로 AI 화가의 작품이 무분별하게 양산되어 미술 시장을 교란한다. 관리 체계의 부재 속에 AI 화가 작품의 소유권이나 저작권이 불분명하며 표절과 위조로 인한 문제로 전체 문화 예술 시장에 악영향을 미치는 상황이다.

셋째, AI 화가가 인간의 창의성이나 예술성을 초월하고 통제 불가능한 상황이 벌어지는 최악의 시나리오다. 인간 화가는 시장에서 경쟁력을 잃고, 예술의 중심이 인공지능으로 옮겨 가며 인간 화가의 자리가 크게 줄어드는 위기가 발생한다. 예술 작품의 저작권과 시장 통제가 미흡하여, AI 화가가 우월한 지위를 차지하게 된다. 소수의 천재적인 화가만이 생존한다.

넷째, AI 화가가 인간의 창의성이나 예술성을 뛰어넘지만 인간과 인공지능이 조화롭게 공존하는 가장 이상적이며 모든 사람에게 유용한 시나리오다. 인공지능은 예술 창작의 새로운 도구로서 인간의 창작 역량을 확장케 하며, AI 화가와 인간 화가의 작품이 모두 예술적 가치를 인정받아 시장을 함께 발전시킨다. 문화 예술 콘텐츠 생태계가 확대되고 선순환하는 구조다.

AI 화가 vs 인간 화가

사진기가 발명되었을 때 미술계에서는 "회화는 죽었다"고 했다. 왜냐하면 기술의 힘으로 이룬 재현의 힘이 인간 화가가 이루는 재현의 역량보다 뛰어났기 때문이다. 그러나 근래 미술 대학교의 사진학과는 거의 소멸했지만 회화과(繪畫科)는 여전히 건재하다. 그러나 사진의 역할이 소멸한 것이 아니라 인간 화가에게 사진기는 없어서는 안 되는 필수 도구로 자리 잡았다. 예를 들어 사진기가 없던 과거에는 스케치북을 들고 다니며 직접 사생을 했다면, 오늘날에는 형태와 색감, 찰나까지 완벽하게 기록하는 사진기를 활용해 사생을 대신하고 있으며, 발상과 창작의 아이디어에도 큰 도움을 얻고 있다. 따라서 인간 화가에게 사진기는 더 다양하고 폭넓은 창의성의 토대를 제공했다. 이와 같이 예술(art)과 기술(technology)의 공존 측면에서 AI 화가와 인간 화가가 공생하는 이상적인 관계를 기대할 수 있다.

향후 AI 화가는 인간이 프로그램한 내용대로 작동하며 자체의 자의식도 없고 미적 가치를 평가할 수 있는 평가자의 역할도 부재하기 때문에 인간을 뛰어넘을 수 없을 거라는 전망도 나온다(유현주 외, 2019). 그러나 지금과 같이 기술이 급속한 진보를 이룬다면 마치 인공지능이 정복하기 쉽지 않을 거라는 바둑의 심오함을 극복한 알파고와 같이 인공 일반 지능(AGI)이 인간 화가를 모방하는 수준을 넘어 창의적인 작품을 생성하는 AI 화가로 발전할 가능성이 크다. 그럼으로써 AI 화가의 작품이 독자적인 예술성을 인정받아 감상자들에게 관심을 받고, 〈에드몽 드 벨라미(Edmond de Belamy)〉와 같이 미술 시장에서 인공지능의 작품도 적극 유통되는 상황을 예상할 수 있다. 또한 인공지능은 사진기와 같이 예술 창작의 새로운 도구로 인간의 창작 역량을 확장하며, 인간 화가의 작품은 물론 AI 화가의 작품도 예술적 가치를 인정받아 미술계를 함께 발전시킨다. 인공지능은 빠른 속도와 높은 생산력으로 문화 예술 콘텐츠 수요에 적극 호응할 수 있다. 인공지능과 문화 예술의 융합에 따른 새로운 시장 창출 및 관련된 인력 수요가 발생한다. 또한 인공지능 창작물의 소유권 귀속에 대한 해석과 명확한 「저작권법」의 정비로 인공지능 기술 발전에 따른 이익 분배가 민주적으로 이루어져 경제적 혜택이 인간에게도 공정하게 나누어지는 유토피아적 미래를 전망할 수 있다(고정민 · 정유나, 2020). 그래서 AI 화가 오비어스(Obvious)의 개발자들은 인공지능이 "기존 예술가들을 대체하는 게 아니라 차세대 창작 영역을 개척했다"(조선일보, 2018.8.24)고 말했다.

그렇다고 해서 인간 화가의 위치가 안전한 것은 아니다. AI 화가가 인간 화가를 대체하지 않는다 하더라도 인공지능을 이해하고 활용해 새로운 예술을 개척하는 화가가 전통적인 화가를 대체할 것이다. AI 화가의 등장이 예술의 종말을 의미하지는 않는다. 오히려 예술의 새로운 시작점이 될 수 있다. 우리에게 주어진 과제는 이 변화를 거부하는 것이 아니라, 어떻게 수용하고 활용할 것인가에 대한 고민이다. 인공지능의 빠른 진화에 따른 급변의 시대에, 기술의 발전을 두려워하기보다는 이를 창의적으로 활용해 인간만의 고유한 가치와 역할을 재발견하는 기회로 삼아야 한다.

참고문헌

고정민 · 정유나(2020). 인공지능 발전에 따른 문화예술콘텐츠의 미래 시나리오. ≪디지털융복합연구≫, 18(12), 52-54쪽.

유현주 외(2019). 『인공지능시대의 예술』. 도서출판b. 85쪽.

조선일보(2018.8.24). AI가 그린 초상화, 크리스티 경매 나온다, https://www.chosun.com/site/data/html_dir/2018/08/24/2018082400280.html

나형민

경희대학교 미술대학 한국화 전공 교수다. 서울대학교 미술대학 동양화과를 졸업했으며, 동 대학원에서 미술학(동양화 전공) 석사, 박사 학위를 취득했다. 서울대학교, 이화여자대학교, 건국대학교, 상명대학교, 강원대학교, 대진대학교, 전남대학교 등 주요 미술 대학의 강사 및 경희대학교의 겸임 교수, 성균관대학교 초빙 교수를 역임했다. 개인전 10여 회, 단체전 150여 회를 열었고, 국립현대미술관 서울관과 과천관, 서울시립북서울미술관, 이천시립월전미술관, 겸재정선미술관, 전남국제수묵비엔날레 등 국내외 주요 갤러리 미술관 초대기획전에 참여했다. 과학기술정통부 한국지능정보사회진흥원(NIA) 인공지능 학습용 데이터 구축 사업에서 2022년 '한국 전통 수묵화 화풍별 제작 데이터'와 2023년 '한국 전통 수묵 채색화 제작 데이터' 사업 총괄 책임자였다. 2024년에는 한국콘텐츠진흥원의 2024 문화체육관광 연구개발 사업 중 '전통예술 고품질 미디어아트 제작 및 서비스를 위한 AI 기반 미디어아트 온라인 플랫폼 기술 개발'과 한국저작권위원회의 '인공지능 원천 데이터 한국 전통 민화 분야 구축' 사업 및 서울경제진흥원의 2024 산업거점 혁신 융복합 지원사업의 '생성형 AI를 활용한 XR 공간플랫폼 적용 기술 사업화' 사업을 진행하면서 '한국화 그리는 인공지능(K-AI Painter)'을 개발하고 있다.